Cynnwys

2

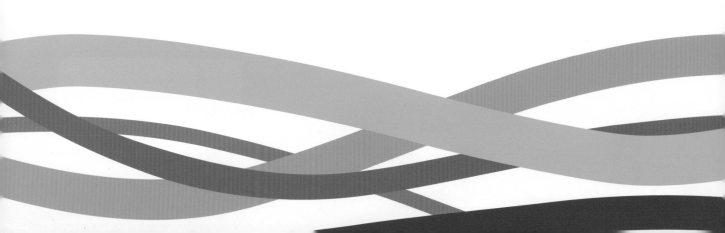

Rhagair

Pwrpas y llawlyfr a'r DVD yw cynnig arweiniad i oedolion sy'n gweithio gyda phlant ifanc ynghylch sut i ddwysáu'r profiad o ddysgu yn yr awyr agored. Rhoddir cryn bwyslais heddiw ar fanteisio ar botensial amgylcheddau sydd y tu allan i waliau adeilad traddodiadol, ac ar y profiad dysgu cyfoethog sy'n deillio o gael profiadau yn yr awyr agored. Cofnod yw'r llawlyfr hwn a'r DVD atodol o brosiect a gynhaliwyd gyda grwpiau o blant yn y Cyfnod Sylfaen. Buom yn arsylwi arnynt yn anturio a chwarae am gyfnod o bron i flwyddyn, a buom yn recordio ein profiadau.

Ein gobaith yw y bydd y cynnwys yn eich ysbrydoli chithau hefyd i gofleidio'r hwyl a'r budd sydd i'w cael o fod allan yn yr awyr agored, ym mhob tywydd, gyda phlant y ddinas neu'r wlad. Fe ddewch i weld bod plant yn ymddwyn yn wahanol yn yr awyr agored, yn sgwrsio'n wahanol, yn magu hyder, a bod eu profiad dysgu'n dyfnhau o fod yng nghanol byd natur.

Gobeithio y medrwn eich annog i weld ei bod yn bosib i bob oedolyn gynnig profiadau newydd, digymell i blant yn yr awyr agored, profiadau sy'n hollol wahanol i'r hyn sydd ar gael y tu mewn i furiau adeilad.

Rydym yn hynod ddiolchgar i staff a rhieni Ysgol Babanod Llangennech, a meithrinfa ddydd Hapus Dyrfa ym Mhorth Tywyn am eu parodrwydd i gymryd rhan yn y prosiect ac i'r Ardd Fotaneg Genedlaethol am eu cydweithrediad. Yn bwysicach na dim, rydym yn ddiolchgar i'r plant fu'n bartneriaid i ni yn yr antur. Cawsom lot o hwyl gyda'n gilydd a dysgon ni'n dwy gymaint oddi wrthyn nhw.

Angela Rees ac Ann-Marie Gealy
Ysgol Plentyndod Cynnar
Prifysgol Cymru Y Drindod Dewi Sant

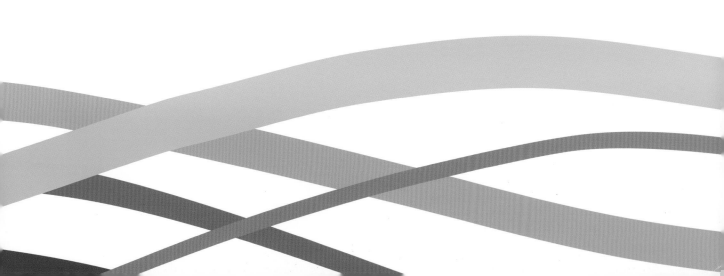

4   Cyflwyniad

Mae'r deunydd hwn yn addas ar gyfer pawb sy'n gweithio gyda phlant yn y Cyfnod Sylfaen, neu sy'n hyfforddi ar gyfer gwaith felly – yn athrawon, hyfforddeion dibrofiad, a hefyd ymarferwyr blynyddoedd cynnar sy'n hen lawiau.

Gwelir o fformat y llawlyfr a'r clipiau ffilm fod anogaeth yma i'w defnyddio fel adnodd i lywio datblygiad proffesiynol parhaus drwy drafodaethau grŵp, neu fel hwb i adfyfyrio personol. Gobeithiwn y byddwch yn ailystyried eich rôl yn hwyluso profiadau dysgu o ansawdd uchel i blant ifanc. Cynigir cyfleoedd i ofyn cwestiynau am y math o ddarpariaeth, profiadau, a rhyngweithiadau sy'n fwyaf addas ac effeithlon yn yr awyr agored, a gosodir y cyfan oddi mewn i gyd-destun ymchwil a damcaniaethau perthnasol.

Sut mae defnyddio'r deunydd?

Yn rhan gyntaf y llawlyfr ceir cyflwyniad i holl faes difyr dysgu plant ifanc ac i hanes traddodiad cyfoethog dysgu yn yr awyr agored. Yn yr ail ran ceir nifer o glipiau DVD o blant yn rhyngweithio gyda'r amgylchedd allanol. Mae'r rhain yn cynnwys coedwig, traeth, ardal darmac, a thir glas. Yn dilyn pob clip DVD cynigir tasgau a chwestiynau sy'n ymwneud â'r clipiau. Gellir:

- gwylio'r clipiau DVD a thrafod eu cynnwys

- llungopïo'r adrannau 'Pwyntiau trafod ac ambell ateb' sy'n galluogi'r unigolyn, neu aelodau o grŵp, i geisio cwestiynau, i gynnig sylwadau, ac i drafod y clipiau sydd ar y DVD.

Ein gobaith yw y byddwch yn mwynhau defnyddio'r adnodd hwn, ac y cewch eich herio, eich procio a'ch ysgogi i gydweithio a chydanturio gyda'r plant.

Ar ddiwedd y llawlyfr cyfeirir at ddeunydd darllen pellach.

Beth a olygir wrth y term 'yr amgylchedd allanol'?

Nid un gofod penodol nac un math o le yw'r amgylchedd allanol. Mae nifer fawr o wahanol fathau o ofod yn lleoliadau addas ar gyfer plentyndod cynnar, er enghraifft:

gardd

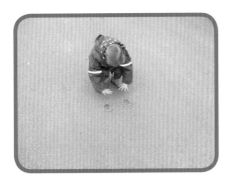

ardal darmac

maes chwarae

tir glas

coedwig

traeth

coetir

Cymharol ychydig o leoliadau plentyndod cynnar sydd ag ardal awyr agored hollol foddhaol. Fel rheol, mae'n rhaid addasu a gwneud y gorau o'r hyn sydd ar gael.

Beth yw manteision yr amgylchedd allanol?

Mae'n ofod gwych ar gyfer:

- rhedeg, neidio, dringo
- bod yn swnllyd heb wneud gormod o boendod i eraill
- rhyngweithio â byd natur ac â deunyddiau naturiol
- profi pob tywydd
- gwneud llanast.

Mae digon o le y tu allan i chwarae gyda mesur helaethach o ryddid.

Negeseuon a gwerthoedd

Mae'r llawlyfr a'r DVD yn pwysleisio bod angen derbyn na fydd unrhyw sefyllfa yn berffaith, ac y dylai oedolion fod yn greadigol wrth ddefnyddio ac addasu'r amgylchiadau sydd ar gael.

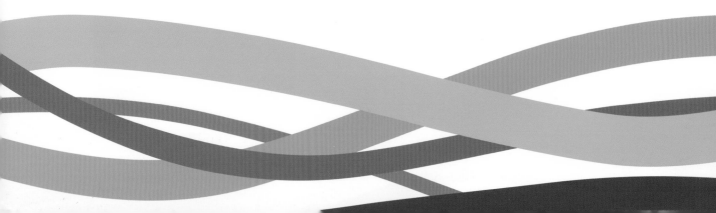

Y neges	Y rheswm dros y neges
Dylid derbyn nad yw pob ardal tu allan yn un ddelfrydol.	Dylid sefydlu agwedd gadarnhaol tuag at eich ardal tu allan chi ac addasu'r hyn sydd ar gael ar gyfer lles y plant.
Dylid sicrhau dealltwriaeth bersonol o'r awyr agored.	Mae angen dealltwriaeth bersonol o'r effaith gadarnhaol y caiff bod allan ar les plant ac oedolion gan gynnwys eu lles meddyliol, emosiynol a chorfforol.
Mae angen oedolion gwybodus yn y maes 'dysgu yn yr awyr agored'.	Dylid cynnig dewisiadau i blant, datblygu eu sgiliau, a throsglwyddo iddynt wybodaeth am fyd natur.
Mae angen deall awyrgylch ac amgylchedd y byd tu allan.	Mae'r gofod hwn yn cynnig llawer mwy o gyfleoedd na'r hyn sydd ar gael y tu mewn, er enghraifft, gofod mawr, cyfle i ryngweithio gyda byd natur newidiol, deunyddiau naturiol, cyfle i gynnau tân, cyfle i brofi ffenomenâu naturiol wrth iddynt ddigwydd (tymhorau, tywydd).
Dylid gwerthfawrogi amgylcheddau gwahanol.	Mae'r byd y tu allan yn cynnwys lleoliadau amrywiol a gwahanol iawn gan gynnwys traeth, coetir, coedwig, tir glas, caeau, porfa, ardal goncrid, ardal darmac, cae chwarae, gardd, ac ati.
Dylid deall bod y dysgu'n gyfannol (holistic) ac ystyried y plentyn cyflawn.	Nid yw plentyn yn dosbarthu ei ddysgu i wahanol feysydd neu bynciau. Mae'n chwarae ac yn arbrofi'n naturiol yn yr awyr agored, er enghraifft wrth ddringo coeden bydd plentyn yn rheoli ei gorff, yn rhifo, yn datblygu ymwybyddiaeth o uchder, yn herio'i hunan ac yn profi llwyddiant. Mae angen ystyried datblygiad plentyn yn ei gyfanrwydd yn hytrach na fel cyfansawdd o feysydd gwahanol, er enghraifft tra bo plentyn yn datblygu'n ieithyddol bydd hefyd yn datblygu'n bersonol, yn emosiynol ac yn gymdeithasol.
Dylid adnabod a chydnabod risgiau, ofnau ac agweddau.	Mae plant yn profi risgiau a heriau personol er mwyn medru asesu risgiau bywyd bob dydd. Byddant hefyd yn rhannu dealltwriaeth o bwysigrwydd bod allan er mwyn newid agweddau negyddol oedolion, er enghraifft, rhoi hoffterau personol yn ymwneud â'r tywydd i'r naill ochr.
Dylid deall pwysigrwydd polisïau clir a chywir.	Bydd cydymffurfio â pholisïau yn amddiffyn plant ac oedolion.

Chwarae a dysgu

Dengys ymchwil fod plant yn dysgu trwy chwarae a'u bod yn dysgu o'r pethau sydd o ddiddordeb iddynt. Dywed Thomas a Rees-Edwards (2010: 27): 'Ychydig o ddadlau sydd bellach fod chwarae yn gymhleth, yn ddifrifol, ac yn arwyddocaol yn y broses ddysgu.'

At ei gilydd, mae cytundeb hefyd fod gan blant gymhelliant i ddysgu a bod chwarae yn cynnal y cymhelliant hwnnw.

> Un o'r manteision mwyaf i addysgwyr blynyddoedd cynnar wrth annog dysgwyr annibynnol yw fod plant, at ei gilydd ... yn parhau'n ddysgwyr brwd.

> One of the greatest benefits of early childhood educators of encouraging independent learners is that, by and large ... children remain motivated learners.
>
> (Fisher, 2008: 77)

Mae Saith Nod Craidd Llywodraeth Cynulliad Cymru, sy'n seiliedig ar Gonfensiwn y Cenhedloedd Unedig ar Hawliau'r Plentyn, hefyd yn cydnabod pwysigrwydd yr hawl i chwarae (APADGOS, 2008).

> Mae dysgu plant yn fwyaf effeithiol pan fydd yn codi o'u profiadau nhw eu hunain, boed rheiny'n rhai digymell neu'n rhai strwythuredig a phan rhoddir amser iddyn nhw chwarae heb dorri ar eu traws nes cyrraedd diweddglo boddhaol.
>
> (APADGOS, 2008b: 5)

Wrth ymchwilio i'w hamgylchedd mae plant yn defnyddio eu synhwyrau, sef gweld, clywed, blasu, teimlo, ac arogli, er mwyn gwneud synnwyr o'u byd (Bertram a Pascal, 2010). Cytuna Rees a Merriman (2010), a nodant fod y synhwyrau yn fwy effro tu allan na thu mewn.

Yn ôl Piaget (Lindon, 2001) mae'r plentyn yn ffurfio rhagdybiaethau fel gwyddonydd ifanc ac yna'n ceisio eu profi. Dadleua hefyd fod dysgu yn cynnwys rhyngweithiad y plentyn unigol â'i amgylchedd. Noda Piaget (Darling, 1994) na all plentyn ddysgu tan ei fod yn barod i wneud hynny. Pwysleisia hefyd na all plentyn ddeall pethau a gyflwynir iddo gan oedolyn a'i bod hi'n well gadael iddo ddarganfod pethau drosto'i hun.

Awgryma Vygotsky (1962) fod chwarae a dychymyg yn rhan allweddol o ddatblygiad a dysg plentyn. Pwysleisia Vygotsky (1986) lawer mwy ar y cyd-destun cymdeithasol lle'r oedd plant yn ymchwilio a dysgu gyda'i gilydd. Nid oedolion yn unig sy'n medru cynorthwyo plant; gall eu cyfoedion mwyaf abl hefyd gyfrannu at eu dysgu.

Symud a dysgu

Dywed arloeswyr meithrin

> … young children still construct an understanding of the physical and social world through the direct actions and experiences they have with their bodies and senses.
>
> (Hohmann a Weikhart, 2002: 114)

Atega Bilton (2010) mai trwy symud, chwarae a phrofiadau synhwyraidd mae plant yn dysgu ac ychwanega fod symud yn hanfodol i ddysgu plant ifanc. Mae Wetton (1998) yn trafod effaith prinder cyfleoedd i blant symud mewn ysgolion â'r canlyniad bod ymddygiad plant yn dirywio. Dadleua mai ceisio darganfod gofod y maen nhw mewn gwirionedd lle gallant symud, a chytuna Ouvry (2003: 14), 'When children are denied adequate space they often feel desperately frustrated and this can lead to unco-operative behaviour.'

Yn ôl de la Isla (2008) credid mai dim ond pum synnwyr oedd, fel y'u nodwyd yn flaenorol, ond erbyn hyn mae dau arall. Y cyntaf yw'r synnwyr 'proprioceptive' (Tovey, 2007: 34) sydd yn galluogi unigolyn i fod yn ymwybodol o ble mae ei gorff mewn gofod a datblygu'r synnwyr o'r hunan. Mae'r symudiadau'n cynnwys gwthio, tynnu, ymestyn, cario, taflu a chropian (Tovey, 2007; Greenland, 2006).

Yr ail yw synnwyr cyntedd y glust (vestibular sense) sy'n galluogi unigolyn i ganfod symudiad. Mae symudiadau naturiol plant yn cynnwys troelli, gogwyddo, cwympo, rholio, neidio ac mae cydbwysedd trwy synnwyr cyntedd y glust yn holl bwysig gan fod angen i blant ymdopi â disgyrchiant (Goddard Blythe, 2005). Awgryma White (2007) fod angen i blant symud fil o weithiau y dydd. Y lle gorau i alluogi hyn yw yn yr awyr agored.

Cyfeiria White (2007) at waith yr elusen Jabadao sydd yn gweithio mewn partneriaeth â sectorau addysg, iechyd, y celfyddydau a gofal cymdeithasol i hybu dealltwriaeth o'r corff a symud (www.jabadao.org).

Mae gan Jabadao raglen sef 'Developmental Movement Play (DMP)0-6.'

> It draws on existing theories about the links between movement and the development of the brain and nervous system, explaining why movement is such an important part of young children's lives. A simple theoretical framework combines this with understanding of the value of child-led play. Crucially, it aims to support children's natural desire to move - and move freely - helping adults to see that, in our increasingly sedentary culture we often get in children's way, unwittingly undermining a natural and important developmental process.
>
> (www.jabadao.org/dmp.html yn Rees, 2008)

Mae DMP yn helpu oedolion i gefnogi awydd naturiol plant i chwarae trwy symud (www.jabadao.org/dmp.html yn Rees, 2008).

Y plentyn cyfan a dysgu cyfannol

Yn draddodiadol ystyrir y plentyn cyfannol yn ôl meysydd datblygiadol, sef yn ddeallusol, corfforol, emosiynol, cymdeithasol, gwybyddol ac ieithyddol. Ond mae datblygiad cyfannol plentyn yn llawer mwy na hyn. Mae dogfennaeth y Cyfnod Sylfaen, er ei bod yn parhau i gynnal y fframwaith hwn o feysydd dysgu, yn cydnabod natur gyfannol dysgu plant ifanc:

> Mae pob agwedd ar ddysgu wedi'u cydgysylltu ar gyfer plant ifanc; dydyn nhw ddim yn rhannu eu dysgu a'u dealltwriaeth yn feysydd o'r cwricwlwm. Mae'r saith Maes Dysgu yn ateb ei gilydd.
> (APADGOS, 2008a: 5)

Er bod chwarae yn gysylltiedig â phrosesau dysgu, mae Thomas a Rees-Edwards (2010) yn nodi bod iddo hefyd arwyddocâd yn natblygiad ehangach plant ifanc. Rhaid, er enghraifft, ystyried rhywedd y plentyn, ei statws economaidd, unrhyw anghenion dysgu, a'i dras a'i ddiwylliant sy'n rhan annatod o'i hunaniaeth.

Gwelir yn namcaniaeth ecolegol Bronfenbrenner (1979) gyfeirio at y myrdd ffactorau cymhleth sy'n dylanwadu ar ddatblygiad plentyn. Mae'r model hwn yn gosod y plentyn, y rhieni, yr ysgol a'r gymuned mewn cyd-destun ecolegol o systemau sy'n plethu i'w gilydd ac sydd, o bryd i'w gilydd, yn gwrthdaro. Dywed Siencyn (2010: 19):

> … bod tlodi, amodau gwaith rhieni, ansawdd cartref, pellter o'r man gwaith, argaeledd trafnidiaeth gyhoeddus, adnoddau megis meysydd chwarae, i gyd yn medru effeithio ar fywydau plant ac ar eu datblygiad.

Mae Siencyn (2008) yn awgrymu bod y Cyfnod Sylfaen ei hun yn ffactor allweddol yn natblygiad plant ifanc.

Os yw'r amgylchedd dysgu am gyfrannu'n effeithiol at ddysgu plant, dylai gynnig cyfleoedd chwarae penagored (open-ended) a chyfleoedd i ymchwilio ac arbrofi. Mae oedolion yn rhannu'r cwricwlwm fesul pwnc er mwyn cynllunio ac asesu, ond nid yw hynny'n ystyrlon i'r plentyn. Yn ôl athroniaeth gyfannol Froebel (Tovey, 2007) ni ddylai dysgu fod wedi ei rannu'n wahanol adrannau ond dylai popeth gysylltu â'i gilydd. Mae angen i'r amgylchedd dysgu adlewyrchu'r ffordd gyfannol mae plant yn dysgu.

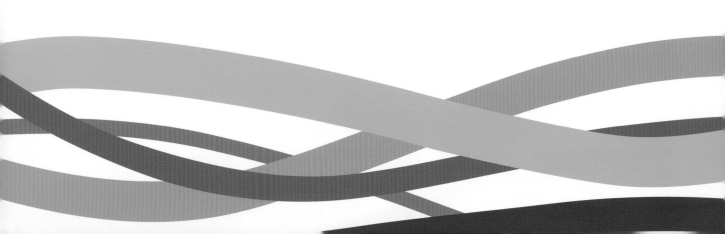

Damcaniaethwyr ac arloeswyr dysgu yn yr awyr agored

Mae rôl yr awyr agored ym mhrosesau dysgu'r plentyn ifanc wedi ei chydnabod ers canrifoedd (Rees, 2008).

- Pwysleisiodd Rousseau (1712–1778), yr athronydd o Ffrainc, ddylanwad natur ar ddysgu, a'r angen sydd am gydbwysedd rhwng datblygiad gwybyddol a lles corfforol.

- Datblygodd Pestalozzi (1746–1827) syniadau Rousseau ac ymchwiliodd ymhellach i ddamcaniaethau addysgiadol sy'n pwysleisio dysgu trwy natur, sy'n rhoi cyfleoedd i blentyn ymchwilio gwrthrychau trwy ddefnyddio'r synhwyrau.

- Credai Froebel (1782–1852) hefyd fod rhyngweithiad y plentyn â natur yn hanfodol i'w ddatblygiad. Credai mai trwy chwarae mae plant yn dysgu orau. Mae hyn yn wir am amgylcheddau y tu mewn a'r tu allan. Datblygodd y syniad o ofal a chyfrifoldeb trwy ddarparu gerddi i blant ofalu amdanynt. Wrth ofalu am y gerddi mae'r plant yn dysgu am dyfiant, ond datblygant hefyd gyfrifoldeb am fyd natur ac o ganlyniad maent yn gweld eu lle ynddo (Brosterman, 1997). Deallodd Froebel angen greddfol plant i ymchwilio i'r byd tu allan, a bod angen rhyddid arnynt i fedru gwneud hynny.

- Sylweddolodd Margaret a Rachel McMillan yn eu meithrinfa awyr agored pa mor bwysig yw'r awyr agored i iechyd a lles plant ac oedolion (Cunningham, 2006; Heywood, 2001).

- Datblygodd Gardner (1999) Ddamcaniaeth Amlwybyddiaeth (Theory of Multiple Intelligence). Arddull dysgu naturiaethwr yw'r un ddiweddaraf i Gardner ei nodi. Mae rhai plant yn hoff o ddysgu am fyd natur yn yr amgylchedd naturiol ac yn hoffi bod yn rhan o fyd natur; maent yn dysgu orau trwy ryngweithiad, ac archwilio'r amgylchedd. Byddant yn archwilio pethau byw, yn dysgu am blanhigion ac anifeiliaid, ac am ddigwyddiadau naturiol fel y tywydd a'r tymhorau.

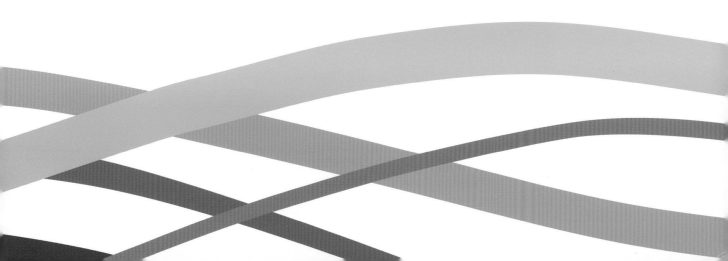

- Mae tueddiadau dysgu a chymhelliant yn mynd law yn llaw. Yn ôl Athey (2007) mae ar blant wir angen dilyn eu diddordebau. Yn ôl ymchwil Lally (1991) nododd athrawon gynnydd yng ngallu plant i ganolbwyntio, a chynnydd yn eu cymhelliant, o gael cyfleoedd i ddilyn eu diddordebau dros gyfnod estynedig. Os yw plentyn yn dilyn ei ddiddordeb ei hun yna ni fydd oedolion yn gorfod treulio amser yn ceisio ei annog i gyflawni tasgau (Fisher, 2008). Bydd y plentyn yn colli diddordeb ac yn methu canolbwyntio os nad yw'r tasgau sydd wedi eu cynllunio ar ei gyfer gan yr oedolyn yn golygu rhywbeth iddo, ac yn adlewyrchu ei ddiddordebau.

- Mae gwahaniaeth cynhenid i'w ganfod wrth ystyried y cyfleoedd symud sydd ar gael i blant yn y byd tu allan. Yn ôl Bilton (2010) mae angen i fechgyn symud er mwyn i'w hymennydd ddechrau dysgu. O ganlyniad mae bechgyn bywiog yn ei gweld hi'n anodd ymdopi â gofynion ac â disgwyliadau ymddygiad boddhaol y tu mewn, ac felly maent yn teimlo'n fwy cysurus yn yr awyr agored.

- Dengys ymchwil Louv (2010) fod byd natur yn effeithio'n gadarnhaol ar iechyd meddyliol, corfforol ac ysbrydol. Dadleua fod diffyg cyswllt rhwng plant a natur yn gallu arwain at anhwyldeb diffyg-natur (nature-deficit disorder). Mae pris i'w dalu am ddiffyg cyswllt â natur, meddai, sef cynnydd mewn salwch corfforol a meddyliol, diffyg canolbwyntio, a lleihad yn y defnydd o'r synhwyrau. Mae'r anhwyldeb hwn i'w weld mewn unigolion, teuluoedd a chymunedau.

Ysgol goedwig

Yn 1957 yn Sweden sefydlodd Gösta Frohm 'Skogsmulle'. Ystyr Skog yw coedwig, a Mulle yw enw'r cymeriad sy'n byw yno ac yn gofalu amdani. Oherwydd gwaith blaengar Gösta Frohm mae datblygu perthynas â natur yn rhan o ddiwylliant pob plentyn (Knight, 2009). Mae'r plant yn treulio tair awr y dydd allan yn y goedwig ym mhob tywydd. Mae'r dynesiad hwn yn datblygu'r plentyn yn gyfannol, mae'r rhieni wedi ymrwymo i gefnogi'r dull hwn o ddysgu, ac o ganlyniad gellir manteisio ar y cyfleoedd sy'n codi i rannu gwybodaeth am ddiet, ymarfer corfforol, a chydgyfrifoldeb am yr amgylchedd.

Dyma'r arfer a fabwysiadwyd yn 80au'r ganrif ddiwethaf yn Nenmarc ar ôl gweld yr arfer yn Sweden yn y 50au. Yn dilyn ymweliad â Denmarc gan staff meithrinfa Coleg Bridgwater aethant ati i geisio ail-greu'r meddylfryd yn eu meithrinfa yn Lloegr yn 1993, yr ysgol goedwig gyntaf ym Mhrydain (www.bridgwater.ac.uk/files/brochures/bridgwater-college-forest-school-brochure.pdf).

Ysgol goedwig yng Nghymru

Lledaenwyd y syniad o sefydlu ysgolion coedwig ledled Prydain. Cynhaliwyd cwrs hyfforddi Arweinyddion Ysgolion Coedwig yng Nghymru yn 2001. Yn dilyn hynny datblygwyd ysgolion coedwig yn ardaloedd lleol cyfranogwyr y cwrs er enghraifft Coetiroedd Dyfi Woodlands yn Nyffryn Dyfi, Ysgol Goedwig Sir Gaerfyrddin, ac Ysgol Goedwig Abertawe, Castell-nedd Port Talbot.

Ymchwiliwyd i'r egwyddor o ysgol goedwig yn 2004 a nodwyd effeithiolrwydd ysgolion coedwig wrth ddysgu plant (Rickinson et al., 2004). Sefydlwyd Rhwydwaith Hyfforddi Ysgol Goedwig RhCA (Rhwydwaith Coleg Agored) (OCN, Open College Network) Cymru yn 2006 i safoni hyfforddiant yng Nghymru. Cynhyrchwyd DVD Ysgol Goedwig yng Nghymru yn 2007 a oedd yn dathlu arfer da. Mae cyrsiau hyfforddiant yn parhau i gael eu cynnal er mwyn lledaenu'r neges. Cynhaliwyd cynhadledd ryngwladol yn 2010 i ddathlu deng mlynedd o ysgolion coedwig yng Nghymru.

Ethos dysgu yn yr awyr agored

Mae ysgolion coedwig wedi profi gwerth bod allan yn yr awyr agored. Defnyddiant goetiroedd ar gyfer dysgu, ac ymwelir â'r coetiroedd yn rheolaidd dan arweiniad ymarferwyr cymwys.

Mae'r dulliau dysgu a welir yn y DVD Ysgol Goedwig yng Nghymru yn addas ar gyfer dysgu cyffredinol yn yr awyr agored. Mae'r awyr agored yn lle i ymlacio a rhyngweithio mewn amgylchedd naturiol. Rhydd hyn gyfleoedd i blant chwarae'n annibynnol a gellir gwneud hynny'n rhwydd os yw'r plant yn teimlo'n ddiogel a chyfforddus (Comisiwn Coedwigaeth Cymru, dim dyddiad). Ychwanega Gill (2007) ei bod hi'n anodd i oedolyn gysylltu â byd natur os nad oedd profiadau tebyg yn rhan o'i blentyndod.

Mae bod yn yr awyr agored yn bwysig er mwyn:

- magu hunan-fri
- magu hunanhyder
- magu annibyniaeth
- profi llwyddiant
- peidio â phryderu am fethiant
- defnyddio'r amgylchedd awyr agored fel ffordd o ddysgu
- dysgu gyda chefnogaeth os oes angen
- datblygu parch at natur
- hybu dealltwriaeth o'r byd naturiol
- hybu gwerthfawrogiad plant ac oedolion o'r byd naturiol
- cwrdd â llawer o ofynion cwricwlaidd
- chwarae
- hybu datblygiad personol
- rhaeadru a rhannu wrth i rieni gymryd diddordeb.

Mae ethos ysgol goedwig yn berthnasol i bob math o amgylchedd yn yr awyr agored.

Arfer da yn yr awyr agored: gair personol

Mae nifer o ymarferwyr cyfoes yn ceisio cynnig darpariaeth sy'n hyrwyddo cyfleoedd dysgu o ansawdd uchel yn yr amgylchedd allanol. Er bod diwylliant a thraddodiadau tra gwahanol yn bodoli o fewn amrywiol wledydd, mae mwy o bwyslais ac o ymrwymiad cyllidol yn cael eu rhoi i'r tu allan yn gyffredinol erbyn hyn.

Reggio Emilia

Daeth cyfle i ymweld â Reggio Emilia yn yr Eidal am wythnos astudio. Yno, ystyrir yr amgylchedd fel trydydd athro – yr amgylchedd allanol, sef y tir o amgylch y lleoliad, a'r amgylchedd ehangach, sef y dref. Cafwyd cyfle i weld dogfennaeth a chanlyniadau prosiectau'r plant, a'r dulliau gweithredu, gan gynnwys ymweliadau'r plant â'r amgylchedd allanol, syniadau'r plant am yr amgylchedd, arsylwadau'r plant, eu trafodaethau, lluniau, ffotograffau, a'u modelau tri dimensiwn.

Sweden

Mae astudio'r amgylchedd allanol yn rhan annatod o gwricwlwm gwledydd Sgandinafia. Mae'r plant yn cario bag ar eu cefn ar daith fer i'r goedwig. Cyneuir tân agored nid yn unig i'w cadw'n gynnes ond hefyd i goginio eu cinio. Defnyddia'r plant offer amryfal, gan gynnwys cyllyll miniog i naddu pren.

Denmarc

Daeth cyfle i ymweld â Denmarc am wythnos astudio gyda'r pwrpas o ymweld ag amrywiaeth o leoliadau dysgu sy'n addas i blant hyd at chwe blwydd oed, gan gynnwys børnehaven sef kindergarten awyr agored. Yn ystod yr ymweliad cafwyd profiad uniongyrchol o sut i wneud defnydd o'r amgylchedd allanol, a gweld sut mae ysgol goedwig yn cael ei rhedeg. Roedd yn gyffrous iawn gweld y plant yn dringo coed, yn crwydro'n annibynnol mewn coedwig enfawr ac ar draeth, yn dilyn eu diddordebau, a hynny'n hollol gartrefol a hyderus. Roeddent yn ymwybodol o ffiniau amgylchedd heriol, ac yn gallu dod i ben â mesur risg.

Lloegr

Yn ystod ymweliad â meithrinfa awyr agored Rachel a Margaret McMillan yn Llundain, gwelwyd syniadaeth Froebel am bwysigrwydd yr ardd yn cael eu harfer. Cyfeiriwyd at y lleoliad fel meithrinfa awyr agored neu 'Open Shed' oherwydd roedd yr adeilad yn hollol agored i'r tywydd ar un ochr. Roedd y plant mewn gardd fawr a feranda y tu allan i bob dosbarth. Gallai'r plant fod allan yn yr awyr agored ym mhob tywydd fel yr oeddent yn amser Rachel a Margaret McMillan. Roedd coed, llwyni, profiadau synhwyrus yr ardd berlysiau, yr ardd flodau a llysiau, yn ogystal ag amryw ddeunyddiau naturiol ar gael i arbrofi, gan gynnwys pren a thywod.

(Rees, 2008)

Y Cyfnod Sylfaen yn yr awyr agored

Mae'r Cyfnod Sylfaen yn cydnabod arwyddocâd a photensial dysgu yn yr awyr agored a gwelir llawer iawn o esiamplau ardderchog a blaengar o ddefnyddio'r awyr agored wrth ddysgu. Dywed *Fframwaith ar gyfer Dysgu Plant 3–7 oed yng Nghymru,* 'Dylai amgylchedd y Cyfnod Sylfaen hybu sgiliau darganfod ac annibyniaeth a rhoi mwy o bwyslais ar ddefnyddio'r amgylchedd awyr agored fel adnodd ar gyfer dysgu plant' (APADGOS, 2008: 4).

Gosodir pwyslais ar ddysgu yn yr awyr agored mewn ymateb i'r dystiolaeth rymus sy'n cefnogi'r arfer. Pwysleisia Rich et al. (2005:18) werth profiadau uniongyrchol yn yr awyr agored: '… being out and about in all weathers running in the wind, splashing in the rain … crunching through frosty leaves … collecting'. Mae'n amhosibl cynnig y profiadau hyn o dan do.

Pwysleisia Roger ac Evans (2006: 23) y cyfleoedd a gaiff plant i reoli ac i greu gofod chwarae iddynt eu hunain. Nodant hefyd y cyfleoedd a gaiff merched i fod yn fwy gweithredol, 'to take on more active roles and engage in more construction activities as part of their role play'. Awgrymir bod bechgyn yn datblygu'n well gyda llai o ymyrraeth gan eraill o'u cwmpas, sy'n arwain at lai o wrthdaro. Pwysleisia Tovey (2007) yr awyr agored fel amgylchedd sy'n fyw ac sy'n newid yn gyson. Meddai:

> Mae pyllau yn ymddangos ac yn diflannu, mae cymylau'n symud, blodau'n egino, daw malwod allan ar ôl y glaw … Nid oes modd rhagweld yr hyn fydd yn digwydd. Mae'r tu mewn, ar y llaw arall, yn gymharol statig, mae newid yn fwriadol.

> Puddles appear and disappear, clouds move, flower buds open, snails emerge after rain … Outdoors is full of unpredictability. An indoor environment, in contrast, is relatively static, change is deliberate.
>
> (Tovey, 2007: 15)

Dywed Tovey (2007) fod yr awyr agored yn cynnig cyfleoedd llawer mwy agored i blant chwarae ac mae'r amgylchedd hwnnw yn deffro eu dychymyg a'u creadigedd.

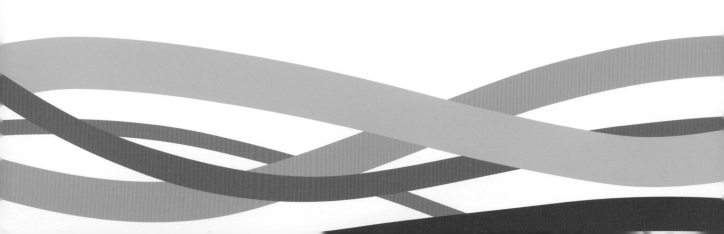

Creadigedd yn yr awyr agored

Yn ôl Robson a Hargreaves (2005) mae'r tu allan yn cynnig digon o le ac amser i blant i feddwl yn greadigol. Yn ôl Wright (2010) mae rôl allweddol gan oedolion mewn hyrwyddo neu gyfyngu meddwl creadigol plant.

Mae cael dewis adnoddau, y math o weithgaredd a digon o amser yn hollbwysig i'r broses greadigol. Wrth gynnig deunyddiau penagored, rhydd hyn gyfleoedd i blant ddatblygu eu hunain fel meddylwyr dargyfeiriol (divergent thinkers), (Lloyd a Howe, 2003). Golyga hyn y byddant yn medru meddwl am nifer o syniadau i ddatrys problem benodol.

Wrth gynnig estyll pren a chratiau llaeth ceir cyfleoedd i blant rannu eu syniadau a chydweithio i greu ac yna eu newid fel y dymunant. Ystyrir rhain yn adnoddau sy'n hybu creadigedd (Gealy a Rees, 2010). Gan fod mwy o le o bosib yn yr awyr agored gellid ailgydio â'u creadigaethau drannoeth os y dymunant fel yr arfer a welwyd yn Reggio Emilia.

Mae yna adnoddau eraill sy'n cyfyngu creadigedd plant:

> Nid yw'r bwydydd plastig a'r deunyddiau chwarae realistig sy'n rhan greiddiol o gorneli chwarae tŷ bach twt erbyn hyn yn gofyn am ddychymyg ac nid oes modd eu trawsnewid. Mae ŵy wedi ffrio yn aros yn ŵy wedi ffrio. Ond gall blodyn, deilen, neu garreg gynrychioli ŵy wedi ffrio neu unrhyw beth arall mae plentyn am iddyn nhw fod. Mae plant yn rheoli delweddau a syniadau yn hytrach nag ymateb iddyn nhw.
>
> The plastic food and realistic play material now endemic in indoor home corners require little transformation or, indeed, imagination. A plastic fried egg remains a plastic fried egg, whereas a flower, a leaf, or a stone can stand for a fried egg or anything else that a child wants it to be. Children are in control of, rather than responding to images and ideas.
>
> (Tovey, 2007: 20)

Enghreifftiau eraill sy'n cyfyngu creadigedd plant yn ôl Gealy a Rees (2010) yw llithren a siglen oherwydd nid oes cyfleoedd i'w newid. Gweler offer dringo drudfawr mewn nifer o leoliadau blynyddoedd cynnar. Mewn un lleoliad o'r fath roedd yr oedolion yn pryderu am nad oedd y plant am ddefnyddio'r offer dringo. Yn ôl ymchwil Wood (2011 yn Gray a Macblain, 2012) y rheswm am hyn oedd bod yr offer o fewn golwg yr oedolion. Defnyddiodd y plant eu creadigedd i ddyfeisio gêm â rheolau eu hunain lle gelwyd yr oedolion yn Troggs ac os gwelwyd y plentyn gan oedolyn yna roedd rhaid iddo neidio mewn ac allan o hen deiars fel cosb.

O'r uchod gweler y:

> Gall adnoddau hybu neu gyfyngu creadigedd, felly mae'n bwysig bod oedolion yn deall gwerth a photensial yr adnoddau sydd ar gael i blant eu defnyddio. Bydd deunydd 'agored' yn cynnig digon o gyfleoedd i blant arbrofi heb brofi methiant, tra bod deunydd 'caeëdig' yn arwain

plant i geisio am yr un ateb cywir neu'r cynnyrch penodol sydd i'w ddisgwyl.

(Gealy a Rees, 2010: 96)

Mae Knight (2009: 92) yn nodi'n gadarn y dylai plant fynd allan i chwarae bob dydd ac mae'n annog symud rhydd rhwng chwarae y tu mewn a chwarae yn y byd tu allan. Dywed ymhellach am bwysigrwydd darparu:

digon o fynediad i'r awyr agored er mwyn i blant fedru ymwneud yn rhydd gyda'r amgylchedd y tu allan yn unol â'u diddordebau a'u rhythmau eu hunain.

sufficient outdoor access so that children can freely engage with the outdoor environment in tune with their own interests and rhythms.

Deunyddiau naturiol

Nid oes angen llawer o ddeunydd atodol ar gyfer defnyddio'r amgylchedd allanol oherwydd y syniad yw defnyddio'r hyn sydd eisoes ar gael yno. Ond gellir ychwanegu at hynny drwy ddefnyddio rhai deunyddiau sydd wedi eu hailgylchu. Rhydd hyn gyfleoedd i blant ddatblygu'n greadigol drwy gyfrwng y defnydd a wnânt ohonynt.

Os oes brigau coed ar lawr, gellir eu defnyddio i gymysgu mwd a dŵr, neu eu casglu ar gyfer cynnau tân. Gellir eu casglu yn ôl eu hyd, a'u trwch, a'u didoli.

Mae plant yn hoff iawn o beintio gyda dŵr, neu o gymysgu mwd a dŵr i wneud marciau.

Mae pwll dŵr yn denu plant ac yn eu diddori am amser hir.

Mae digonedd o ddail, mes a chastan y meirch ar gael yn eu tymor. Dyma adnoddau i'w casglu ac i chwarae â hwy. Mae'r amgylchedd yn llawn lliwiau amrywiol, blodau a dail, ac mae'r rhain yn cynnig profiadau i blant ddysgu trwy ddefnyddio eu synhwyrau.

Mae tywod yn diddori plant gan ei fod yn gyfrwng newidiol. Mae'n medru bod yn wlyb neu'n sych, mae'n ymateb mewn gwahanol ffyrdd, ac mae cyffwrdd ynddo yn brofiad synhwyrus. Mae'r llanw hefyd yn cynnig amrywiaeth o ddeunyddiau newidiol.

Er bod angen paratoadau manwl, ar y dechrau yn enwedig, os ydych yn mynd â'r plant allan i amgylchedd anghyfarwydd fel ysgol goedwig, wrth iddynt ymgartrefu a chymryd perchenogaeth dros yr amgylchedd allanol mae modd camu'n ôl a gadael i'r plant arwain y dysgu.

Deunyddiau angenrheidiol:

bag sbwriel	ffôn symudol
bag cymorth cyntaf	eli haul
hancesi glân / wipes	cysgodfan o'r glaw a/neu'r haul a/neu'r gwynt (tarpolin, pabell, blanced)

Adnoddau posib:

mwd	cynwysyddion
dŵr	cratiau bara
piben ddŵr	cratiau llaeth
llwyau	teiars
brwsys o bob math	estyll pren
chwyddwydrau	mat picnic
blancedi	

Cynaliadwyedd a'r tu allan

I hyrwyddo datblygu cynaliadwy plant ifanc yng Nghymru gwelir yr ymarfer uchod yn rhan o'r saith thema gydgysylltiedig sef 'Defnyddio a Gwastraff' a'r 'Amgylchedd Naturiol', (Tinney, 2010).

> Trwy eu rhyngweithiad â'r amgylchedd naturiol tu allan daw plant i'w barchu ac i ofalu amdano. Gydag amser datblygir eu dealltwriaeth am gadwraeth a chynaliadwyedd…
>
> (Rees a Merriman, 2010:106)

Amgylcheddau gwahanol yn yr awyr agored

Er nad yw pob amgylchedd yn ddelfrydol ni ddylai hynny fod yn rheswm digonol dros beidio â mynd allan yn rheolaidd.

Nid oes angen coedwig ar gyfer trosglwyddo negeseuon ysgol goedwig, er enghraifft gall clawdd neu ddarn o borfa gynnig cyfleoedd i ryngweithio â natur. Dylid manteisio ar yr hyn sydd ar gael, er enghraifft, llwyn, neu goeden.

Mae'r DVD yn dangos sut gall ardal darmac gynnig cyfleoedd di-ri i blant ddysgu a datblygu, yn enwedig os yw'r plant yn cael cyfle i arwain eu dysgu eu hunain.

Creadigrwydd oedolion sy'n trawsnewid amgylchedd cyffredin i fod yn llwyfan hudol i blant. Mae angen felly i oedolion fod yn ddyfeisgar.

Ar adegau mae angen mynd y tu hwnt i iard yr ysgol. Ni ddylai hyn fod yn faich na bod yn gostus. Mae'n bosib cerdded i amgylcheddau fel cae, parc neu ardd. Mae taith ar fws hefyd yn cynnig posibiliadau dysgu gwahanol.

Pwysigrwydd yr amgylchedd allanol

Cofio ac adfyfyrio

Ydych chi'n cofio'r lle arbennig oedd gennych chi allan yn yr awyr agored pan oeddech chi'n blentyn? Oedd oedolyn yno? Pa fath o amgylchedd allanol oedd hwn?

Mae plant yn hoffi ffau. Oedd un gyda chi, ac os oedd, ymhle?

Ar ôl adnabod a chlustnodi ardal addas y tu allan, mae'n rhaid cymryd camau penodol cyn ei defnyddio. Mae hyn yn cynnwys datblygu polisïau, megis Polisi Iechyd a Diogelwch a Pholisi Awyr Agored penodol; gwneud asesiad risg; sicrhau bod gan bawb, yn blant ac oedolion, ddillad addas; casglu adnoddau; a rhannu gwybodaeth gyda rhieni.

Mae angen paratoi'r plant, yn enwedig os mai'r bwriad yw cynnig sesiynau ysgol goedwig. Bydd angen gosod ffiniau clir, ac mae rheolau pendant wrth gamu i mewn ac allan o'r cylch boncyffion sy'n angenrheidiol os bwriedir cynnau tân. Gellir paratoi'r plant yn y lleoliad yn gyntaf trwy ymarfer gwisgo a dadwisgo dillad addas ar gyfer mynd allan. Mae dysgu'r plant yn dechrau'n gynnar yn ystod y paratoadau.

Mae traddodiad o ryngweithio â natur yng ngwledydd Sgandinafia sy'n mynnu, 'there's no such thing as bad weather, only bad clothing' (Farstad, 2005: 14).

Mae angen dillad addas ar blant ac oedolion er mwyn manteisio ar bob cyfle i fod allan yn yr awyr agored.

trowsus glaw sy'n dal dŵr

hen ddillad

cot law sy'n dal dŵr

menig

het

het haul

sgarff

Tybir bod rhieni'n pryderu'n ormodol am ddiogelwch eu plant a chydnabydda Ouvry (2003) a Tovey (2007) efallai bod cynnydd mewn traffig yn rheswm dros bryderu. Er bod y bwletinau newyddion a'r papurau newydd yn trosglwyddo'r neges fod y byd yn lle peryglus, nid oes mwy o fygythiad heddiw i ddiogelwch plant ifanc nag oedd ddeng mlynedd ar hugain yn ôl (Ouvry, 2003), neu hanner can mlynedd yn ôl (Tovey, 2007). Trosglwyddir y pryder hwn i'r plant (Lindon, 1999) ac o ganlyniad mae llai o blant yn cael rhyddid i chwarae y tu allan.

Mae gofod yn chwarae rhan bwysig mewn darpariaeth blynyddoedd cynnar, a nodai ymchwilwyr bod y tu allan yn cynnig cyfleoedd gwahanol i'r hyn a geir y tu mewn (Tovey 2007). Cyniga'r tu allan gyfleoedd i blant ddod ar draws, deall, mesur a rheoli risg; ond erbyn heddiw honna rhai bod tueddiad i or-orchwylio plant (Gill, 2007).

Cyniga'r tu allan gyfleoedd i blant ddatblygu eu hymwybyddiaeth o beryglon mewn ffordd wahanol i'r tu mewn.

Yn ôl Gealy a Saer:

> Mae'n bwysig sicrhau bod plant yn dysgu deall, mesur a rheoli risg. Dyma'r rheidrwydd i fod yn fwy diogel drwy ddatblygu ymwybyddiaeth o'r hyn sy'n beryglus, yr hyn sy'n ddiogel, yr hyn y gallant ei reoli, faint o fentro sy'n ddiogel iddynt. Mae'r holl bethau hyn yn helpu'r plentyn i fod yn ddiogel ac i gymryd cyfrifoldeb am ei ddiogelwch ei hun.
>
> Cânt hefyd gyfle i ddatrys problemau sy'n hollol wahanol i'r problemau sy'n codi tu fewn. Gwelir plant yn ymestyn eu cyrff a'u meddyliau a datblygu'n unigolion hyderus ac annibynnol wrth fod tu allan. Serch pwysigrwydd bod yn y tu allan mae'n bwysig bod plant hefyd yn barod i gymryd risg o dan do.
>
> (Gealy and Saer, 2010:149)

Mae gan y *Royal Society for the Prevention of Accidents* (RoSPA, dim dyddiad) ymgyrch a elwir 'As Safe As Necessary' sy'n ymwneud â gadael i blant ddatblygu trwy brofiadau sy'n caniatáu risg dderbyniol. Ond beth a olygir wrth risg dderbyniol?

Cyn mynd â phlant allan i'r awyr agored mae angen i'r oedolyn wneud asesiad risg. Gall pob Awdurdod Lleol gynnig arweiniad ynglŷn â pha bolisïau iechyd a diogelwch mae angen cydymffurfio â hwy mewn lleoliadau neilltuol cyn mynd â phlant allan i'r awyr agored, cyn mynd â phlant ar wibdaith, neu ar ymweliad addysgiadol, er enghraifft ar ymweliad ag ysgol goedwig. Mae ffurflen i'w llenwi cyn pob ymweliad ag ysgol goedwig. Wrth ymchwilio i unrhyw amgylchedd allanol mae angen sicrhau nad oes sbwriel ar lawr, er enghraifft poteli gwydr, caniau, nodwyddau cyffuriau, a baw ci. Gall plant ac oedolion gael niwed wrth ymhél â'r elfennau uchod. (Am enghraifft o daflen asesiad risg gweler yr atodiad).

Mae angen cofnodi rhif cyswllt y gwasanaethau argyfwng, er enghraifft, yr ysbyty agosaf, y feddygfa agosaf, y lleoliad (sef yr ysgol), a rhifau cyswllt rhieni a gofalwyr y plant. Ar y daflen asesiad risg dylid gosod rhifau ffôn symudol yr oedolion sydd â chyfrifoldeb dros y plant. Mae angen cadw'r brif fynedfa i'r safle yn glir ar gyfer y gwasanaethau argyfwng.

Os bwriedir cynnau tân fel rhan o'r gweithgareddau argymhellir cysylltu â'r swyddog tân lleol ac â warden y safle. Mae'n amhosib creu amgylchedd sy'n hollol ddiogel felly pwrpas gwneud asesiad risg yw bod yn ymwybodol o'r posibiliadau a'u rheoli i'r graddau y mae hynny'n bosib (Knight, 2009). Gellir gwneud hyn trwy rybuddio plant ac oedolion am wreiddiau coed, neu ei bod hi'n llithrig dan draed oherwydd y glaw. Mae planhigion cyffredin fel coed mwyar duon a danadl poethion sy'n amhosib eu gwaredu'n gyfan gwbl yn yr amgylchedd y tu allan (Learning Through Landscapes (LTL), 2006). Fodd bynnag, er bod y planhigion hyn yn medru anafu plant ifanc mae'n bwysig bod plant yn dysgu o'r profiad (LTL, 2006) neu wrth dynnu sylw plant atynt mae hynny'n rhoi cyfle iddynt eu hosgoi (Rees a Merriman, 2010).

Os oes adnoddau yn cael eu defnyddio yna mae angen sicrhau yn rheolaidd eu bod yn ddiogel ac yn addas. Gellir cynnwys y plant yn y gwaith o ofalu amdanynt ac wrth wneud hyn byddant yn fwy parod i edrych ar eu hôl.

> Mae babanod a phlant ifanc iawn yn haeddu amgylchedd dysgu sy'n caniatáu iddynt fentro a chymryd risgiau addas a rheoli'r heriau fel eu bod yn tyfu i fod yn oedolion hyderus a hyfedrus. Bydd plant sy'n cael cyfle i ymarfer a dysgu sgiliau megis cloddio, dringo ac anturio yn magu hyder ac yn datblygu dealltwriaeth ohonynt eu hunain, eu byd a'u sgiliau. Dylai oedolion ysbrydoli a chefnogi gallu'r plant i reoli risg a menter.
>
> Babies and very young children deserve a learning environment that enables them to take suitable risks and manage the challenges they present to enable them to grow up into competent, confident adults. Children able to practise and acquire skills such as digging, climbing and finding their way around will grow in confidence and develop their understanding of themselves, their world and their own abilities. Adults need to inspire and support children's ability to manage risk and challenge.
>
> (LTL, Playnotes, Tachwedd: 2006)

Ychwanega RoSPA fod angen i blant brofi risg dderbyniol rhag ofn iddynt grefu'r cyffro o gymryd risg mewn lleoedd lle nad oes arolygiaeth. Mae RoSPA hefyd o'r farn fod angen i blant osgoi cymryd risg ddiangen.

Serch hyn dywed LTL, Playnotes (Tachwedd, 2006) fod risgiau a heriau yn rhan annatod o'r amgylchedd y tu allan. Mae plant yn fwy na pharod i ymgymryd â heriau pan ddônt yn ddigon aeddfed i'w hwynebu. Byddant yn ymdopi â hwy yn eu hamser eu hunain. Rôl bwysig yr oedolyn yw bod yn gefnogol yn ôl yr angen:

> Mae angen i ni hyrwyddo diwylliant ble mae pethau 'yn ddigon saff' nid 'mor saff â phosibl'. Ni fydd cyfyngu plant yn ddiangen yn eu cynorthwyo i ddod i ben yn hyderus â'u bywyd yn nes ymlaen.
>
> We need to promote a culture where things are 'as safe as necessary' not 'as safe as possible'. Restricting children unnecessarily will not help them to cope confidently in later life.
>
> (Prif Weithredwr RoSPA, 2008)

Mae'n rheol gadarn y dylid rhybuddio plant i beidio â rhoi dim yn eu ceg. Dyma reol bwysig oherwydd gall fod planhigion gwenwynig yn tyfu yn yr ardaloedd allanol er enghraifft, aeron a chaws llyffant (Rees a Merriman, 2010).

Wrth ymweld ag ardal allanol am y tro cyntaf mae angen amser ar y plant i ddod i'w hadnabod. Mae angen amser arnynt i ymchwilio.

Mae byd trychfilod a phryfed yn llawn rhyfeddod i blant bach. Eto mae'n rhaid gosod rheol gadarn ynghylch lle y gellir eu darganfod. Os oes coed yna mae plant yn cael eu dringo mor uchel ag sy'n gyfforddus iddynt. Ni ddylid rhoi cymorth iddynt ddringo. Mae hyn yn un ffordd iddynt fesur risg a dod i ben â hi.

Y DVD

Rhennir y DVD i bum adran gyda golygfeydd mewn pum amgylchedd allanol gwahanol. Mae'r plant i'w gweld yn rhyngweithio gyda'u hamgylchedd. Gweler y tabl isod.

Sut i'w defnyddio

Trefnwch eich hunain naill ai mewn grwpiau bach neu fel unigolion ...

Yn dilyn pob clip mae yna rai cwestiynau i'w hateb fesul unigolion neu yn dilyn trafodaethau grŵp. Yna ceir rhai sylwadau ac adfyfyriadau'r awduron.

Adran	Clip	Amgylchedd	Teitl
1	1	Yn y goedwig	Jack a Zak
	2	Yn y goedwig	Cario boncyff
	3	Yn y goedwig	Dringo a neidio
2	4	Ar yr iard	Chwarae gyda theiars
	5	Ar yr iard	Chwarae gyda sialc a dŵr
	6	Ar yr iard	Chwarae gyda phiben
3	7	Ar y traeth	Gwneud marciau
	8	Ar y traeth	Troi am adref
4	9	Yn y tŷ gwydr	Ar y grisiau
5	10	Ar y ddôl	Dysgu ar y dolydd

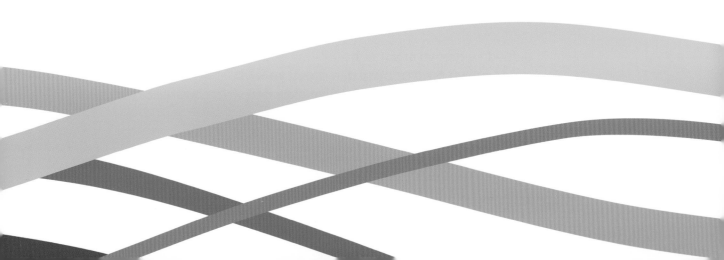

Y Clipiau Dilynol

Gwelir yn y clipiau dilynol sawl amgylchedd gwahanol sef:

lle coed

iard darmac

grisiau

dôl

traeth

Bydd profiadau amlwg yn codi mewn amgylcheddau gwahanol, er enghraifft,

- defnydd o gregyn ar y traeth
- suddo mewn mwd os bydd dan droed yn wlyb
- gwlychu mewn pyllau dŵr yn dilyn glaw neu wrth chwarae â dŵr.

Clip	Teitl
1	Jack a Zak
2	Cario boncyff
3	Dringo a neidio

Yr Amgylchedd: Lle coed

Cyfeirir at yr amgylchedd hwn fel 'lle coed'. Defnyddir y term hwn gan nad ydym am gyfleu'r neges bod rhaid cael 'coedwig'.

Gwelir yng nghlipiau adran 1: coed byw, coed wedi marw a choed wedi disgyn ar lawr. Mae'n bosib cael hyn mewn sawl lle felly nid 'coedwig' sy'n bwysig.

Clip 1
Y 'llawr/ddaear' sy'n dal sylw'r plant er bod coed o'u hamgylch;

Clip 2
Boncyff sydd wedi disgyn ar lawr sy'n sbarduno'r plant, nid y coed o'u cwmpas;

Clip 3
Dringo un goeden fyw sy'n cynnig amgylchedd dysgu i'r plant.

Felly nid oes rhaid cael 'coedwig' ar gyfer cynnig y mathau hyn o weithgareddau i blant.

Tasgau a chwestiynau yn ymwneud â chlip 1

1. Ystyriwch y 'dysgu' sy'n digwydd. Pa gysyniadau mae'r plant yn ymdrin â nhw?

2. Canolbwyntiwch ar fewnbwn yr oedolyn. Yn eich barn chi oedd:

   • yr arsylwadau yn berthnasol? Pam?

   • yr arsylwadau yn amharu neu gefnogi'r dysgu? Pam?

   • yr arsylwadau yn annog neu amharu ar gyfranogiad meddwl parhaus (sustained shared thinking).

3. Ystyriwch yr 'amser' y mae'r plant yn ei gael.

Pwyntiau trafod ac ambell ateb

1. Ystyriwch y 'dysgu' sy'n digwydd.
Mae'r cysyniad o 'suddo' yn amlwg wrth i'r plant brofi suddo mewn amgylchedd naturiol wrth iddo ddigwydd. Gwelir un plentyn yn profi suddo a hefyd yn cyflwyno'r syniad o suddo i blentyn arall.

2. Canolbwyntiwch ar fewnbwn yr oedolyn.
Nid yw'r arsylwadau ar 'dwym neu oer' yn berthnasol i suddo. Felly nid oes pwrpas addas dros ofyn y cwestiwn. Mae'r oedolyn yn amharu ar rediad meddwl a chanolbwyntio'r plant. Nid oes diddordeb gan y plant mewn 'twym ac oer'. Nid oes angen dweud dim gan fod y plant yn arwain eu dysgu eu hunain mewn ffordd fedrus.

3. Ystyriwch yr 'amser' y mae'r plant yn ei gael.
Mae'r suddo yn parhau am amser hir (tipyn yn fwy na hyd y clip DVD). Nid oes ymdrech i symud y plant ymlaen at rywbeth arall (heb law am 'twym/oer'). Maen nhw'n cael y cyfle i brofi suddo, i ystyried suddo ac i geisio disgrifio'r teimlad. Nid yw'r plant mewn brys i symud ymlaen at weithgareddau eraill er bod plant eraill yn ymgymryd mewn gweithgareddau gwahanol o'u cwmpas. Mae elfen o lonyddwch yn y dysgu.

Hunan-adfyfyrio:
Ydyn ni fel oedolion yn ymyrryd â gweithredoedd plant heb angen, heb feddwl a heb bwrpas? Pam felly?

Datblygiad Personol a Chymdeithasol, Lles ac Amrywiaeth Ddiwylliannol

Dangos chwilfrydedd a datblygu agweddau cadarnhaol at ddysgu profiadau newydd (tud 16)

Sgiliau Iaith, Llythrennedd a Chyfathrebu

Cyfleu'r hyn maent yn ei feddwl (tud 20)

Profi gweithgareddau mewn amgylcheddau dysgu a geir dan do ac yn yr awyr agored (tud 20)

Datblygiad Mathemategol

Deall a defnyddio priodweddau safle a symud (tud 25)

Datblygiad Creadigol

Gwneud dewisiadau wrth ddewis deunyddiau ac adnoddau (tud 40)

Gwybodaeth a Dealltwriaeth o'r Byd

Ymchwilio i amgylcheddau dysgu a geir dan do ac yn yr awyr agored, yn ogystal â chynnwys amgylchiadau naturiol wrth iddynt godi (tud 32)

Archwilio ac arbrofi (tud 32)

Datblygiad Corfforol

Rheoli symudiadau'r corff (tud 36)

Datblygu ymwybyddiaeth synhwyraidd (tud 36)

Tasgau a chwestiynau yn ymwneud â chlip 2

1. Ystyriwch allu'r plant i ganolbwyntio.

2. Ystyriwch y 'dysgu' sy'n digwydd. Pa gysyniadau mae'r plant yn ymdrin â nhw?

3. Rhestrwch sut mae'r profiadau yn y clipiau yn effeithio a chyfrannu at les y plant.

Pwyntiau trafod ac ambell ateb

1. Ystyriwch allu'r plant i ganolbwyntio.
Maent yn canolbwyntio ar y broblem go iawn sydd wedi codi, maent yn dyfalbarhau gyda phroblem sy'n heriol iawn.

2. Ystyriwch y 'dysgu' sy'n digwydd. Pa gysyniadau mae'r plant yn ymdrin â nhw?
Pwysau'r boncyff (mae'n drwm, yn rhy drwm i unigolion); cario ac ystyried onglau cerdded (cerdded am yn ôl); grymoedd; cydbwysedd.

3. Rhestrwch sut mae'r profiadau yn y clipiau yn effeithio a chyfrannu at les y plant.
Y gallu i gydweithio a helpu ei gilydd, ymwybyddiaeth o anghenion ei gilydd (anghenion unigol ac anghenion grŵp), problemau go iawn, datrys problemau a phrofi llwyddiant. Mae'r llwyddiant yn deillio o ymdrech y plant!

Hunan-adfyyrio:
Ydyn ni fel oedolion yn ymyrryd ac yn helpu plant yn rhy gyflym a rhy gynnar?
Ydyn ni fel oedolion yn amharu ar y cyfle i blant ddatrys y broblem ar eu pen eu hunain?
Ydyn ni felly yn cwtogi'r cyfleoedd i blant brofi llwyddiant go iawn?

Cyfnod Sylfaen: meysydd dysgu

Datblygiad Personol a Chymdeithasol, Lles ac Amrywiaeth Ddiwylliannol

Ffurfio perthnasoedd a theimlo'n ddigon hyderus i gyd-chwarae a chydweithio ag eraill (tud 16)

Gofyn am gymorth pan fo'i angen (tud 17)

Sgiliau Iaith, Llythrennedd a Chyfathrebu

Defnyddio iaith briodol mewn gweithgareddau chwarae digymell a strwythuredig ac wrth gyfleu ystyr (tud 20)

Profi gweithgareddau mewn amgylcheddau dysgu a geir dan do ac yn yr awyr agored (tud 20)

Datblygiad Mathemategol

Deall a defnyddio mesurau (tud 24)

Cyfrifo mewn amrywiaeth o ddulliau (tud 24)

Deall a defnyddio priodweddau safle a symud (tud 25)

Datblygiad Corfforol

Datblygu hyder (tud 36)

Datblygu ffyrfder y cyhyrau, tyndra priodol a chydbwysedd (tud 36)

Defnyddio cyfarpar mawr ac offer bach (tud 37)

Dechrau deall pwysigrwydd codi, cario, gosod a defnyddio offer yn ddiogel (tud 37)

Gwybodaeth a Dealltwriaeth o'r Byd

Ymchwilio i amgylcheddau dysgu a geir dan do ac yn yr awyr agored, yn ogystal â chynnwys amgylchiadau naturiol wrth iddynt godi (tud 32)

Archwilio ac arbrofi (tud 32)

Meddwl yn greadigol a dychmygus (tud 33)

Defnyddio eu dychymyg yn y ffatri siocled

Mae Carys yn falch o'i llun glaw

Tasgau a chwestiynau yn ymwneud â chlip 3
1. Ystyriwch sut mae'r plant yn wynebu a chofleidio her a risg.
2. Ystyriwch y 'dysgu' sy'n digwydd. Pa gysyniadau mae'r plant yn ymdrin â nhw?

Pwyntiau trafod ac ambell ateb
1. Ystyriwch sut mae'r plant yn wynebu a chofleidio her. Mae'r dringo yn digwydd am dipyn cyn parodrwydd i neidio. Mae uchder y dringo yn cynyddu. Mae'r plant yn penderfynu dros eu hunain a ddylent neidio neu ddringo lawr o'r boncyff. Gwelwn ddau blentyn yn penderfynu neidio ar eu pen eu hunain. Y plant sy'n penderfynu ar lefel yr her ac asesu risg personol. **2. Ystyriwch y 'dysgu' sy'n digwydd. Pa gysyniadau mae'r plant yn ymdrin â nhw?** Uchder (y dringo a'r neidio). Cydbwysedd wrth ddringo. **Hunan-adfyfyrio:** Ydyn ni fel oedolion yn paratoi cyfleoedd i blant benderfynu ar lefel her a risg personol?

Datblygiad Personol a Chymdeithasol, Lles ac Amrywiaeth Ddiwylliannol

Dangos gofal, parch a hoffter at blant eraill, oedolion a'u hamgylchedd (tud 17)

Sgiliau Iaith, Llythrennedd a Chyfathrebu

Cyfleu'r hyn maent yn ei feddwl (tud 20)

Profi gweithgareddau mewn amgylcheddau dysgu a geir dan do ac yn yr awyr agored (tud 20)

Datblygiad Mathemategol

Deall a defnyddio priodweddau safle a symud (tud 25)

Cyfrifo mewn amrywiaeth o ddulliau (tud 24)

Gwybodaeth a Dealltwriaeth o'r Byd

Ymchwilio i amgylcheddau dysgu a geir dan do ac yn yr awyr agored, yn ogystal â chynnwys amgylchiadau naturiol wrth iddynt godi (tud 32)

Archwilio ac arbrofi (tud 32)

Meddwl yn greadigol a dychmygus (tud 33)

Datblygiad Corfforol

Datblygu sgiliau cydsymud (tud 36)

Datblygu hyder (tud 36)

Datblygu ffyrfder y cyhyrau, tyndra priodol a chydbwysedd (tud 36)

Gallu symud yn ddiogel, gan ddangos rheolaeth a sgiliau cydsymud cynyddol (tud 36)

Defnyddio cyfarpar mawr ac offer bach (tud 37)

Dod yn ymwybodol o beryglon a materion yn ymwneud â diogelwch yn eu hamgylchedd (tud 37)

Datblygiad Creadigol

Gwneud dewisiadau wrth ddewis deunyddiau ac adnoddau (tud 40)

Clip	Teitl
4	Chwarae gyda theiars
5	Chwarae gyda sialc a dŵr
6	Chwarae gyda phiben

Yr Amgylchedd: Yr iard darmac

Heriau ar darmac
Mae ardal darmac gennych – mae hyn yn fantais.

Mae'n bosib ei datblygu i sicrhau bod plant yn elwa o ryngweithio â'r amgylchedd awyr agored. Gellir defnyddio adnoddau sydd wedi eu hailgylchu sy'n rhad ac am ddim. Wrth wneud hyn mae'n bosib datblygu'r syniad o gynaliadwyedd.

Os yw plentyn yn cwympo mae'n dod i ddeall ei fod yn cael dolur.
Gellir plannu llwyni mewn potiau mawr/mewn teiars i oresgyn diffyg gwyrddni. Gellir plannu hadau porfa mewn teiar ac ar ôl i'r borfa dyfu gellir ei gadael yn hir neu ei thorri i chwarae byd bach, neu roi mwd/pridd yn y teiar.

Mae'r amgylchedd allanol yn cynnig cyfleoedd i greu ar raddfa fawr; lle i redeg yn rhydd, chwarae dŵr a chwarae jync/sothach.

CLIP 4: Chwarae gyda theiars

Tasgau a chwestiynau yn ymwneud â chlip 4

1. Wrth wylio'r clip ar y DVD ystyriwch:

- ble mae'r oedolyn?
- beth mae'n ei wneud?

2. Ystyriwch y rhyngweithio rhwng y ferch a'r bachgen wrth chwarae gyda'r teiars. Sylwch ar wyneb y bachgen.

3. Ystyriwch y 'dysgu' sy'n digwydd. Pa gysyniadau mae'r plant yn ymdrin â nhw?

Pwyntiau trafod ac ambell ateb

1. Wrth wylio'r clip ar y DVD ystyriwch ble mae'r oedolyn a beth mae'n ei wneud?
Mae'r clip yn adlewyrchu pwysigrwydd yr oedolyn yn arsylwi a chadw cofnod o chwarae a dysgu'r plant. Mae'r oedolyn hefyd yn sefyll nôl, yn rhyngweithio weithiau i gefnogi'r plant. Tystiolaeth o baratoi a chynllunio'r adnoddau sydd ar gael i'r plant.

2. Ystyriwch y rhyngweithio rhwng y ferch a'r bachgen wrth chwarae gyda'r teiars a sut maent yn defnyddio eu cyrff.
Y ferch fach sy'n dechrau chwarae gyda'r teiar. Mae'r bachgen yn ei chopïo ac mae'n amlwg ei fod yn cael pleser o'r gweithgaredd wrth iddo brofi llwyddiant. Mae'r ddau yn gwthio, rhedeg ar ôl a chodi'r teiars. Mae'r ddau yn dyfalbarau i godi'r teiars gan eu bod yn drwm iawn. Nid ydynt yn chwarae gyda'i gilydd ond maent yn dilyn eu hagenda eu hunain.

3. Ystyriwch y 'dysgu' sy'n digwydd. Pa gysyniadau mae'r plant yn ymdrin â nhw?
Mae'n ymdrech i godi teiars sydd ar lawr ac maent yn dyfalbarhau i'w codi. Cynigir cyfleoedd i ddatblygu cysyniadau fel trwm, cyflym, araf a grym. Maent yn dysgu sut i symud y teiar - bod angen nerth i wthio a bod pethau'n cwympo wrth arafu.

Hunan-adfyfyrio:
A oes gormod o adnoddau ar gael?
Os oes gormod o ddewis a fydd plentyn weithiau yn symud o un peth i'r llall ac yn colli'r cyfle i chwarae'n ddwfn?

Y Cyfnod Sylfaen: meysydd dysgu

Datblygiad Personol a Chymdeithasol, Lles ac Amrywiaeth Ddiwylliannol

Dangos gofal, parch a hoffter at blant eraill, oedolion a'u hamgylchedd (tud 17)

Datblygiad Mathemategol

Deall a defnyddio priodweddau safle a symud (tud 25)

Cyfrifo mewn amrywiaeth o ddulliau (tud 24)

Sgiliau Iaith, Llythrennedd a Chyfathrebu

Cyfleu'r hyn maent yn ei feddwl (tud 20)

Profi gweithgareddau mewn amgylcheddau dysgu a geir dan do ac yn yr awyr agored (tud 20)

Datblygiad Creadigol

Gwneud dewisiadau wrth ddewis deunyddiau ac adnoddau (tud 40)

Datblygiad Corfforol

Datblygu sgiliau cydsymud (tud 36)

Datblygu hyder (tud 36)

Datblygu ffyrfder y cyhyrau, tyndra priodol a chydbwysedd (tud 36)

Gallu symud yn ddiogel, gan ddangos rheolaeth a sgiliau cydsymud cynyddol (tud 36)

Defnyddio cyfarpar mawr ac offer bach (tud 37)

Dod yn ymwybodol o beryglon a materion yn ymwneud â diogelwch yn eu hamgylchedd (tud 37)

Gwybodaeth a Dealltwriaeth o'r Byd

Ymchwilio i amgylcheddau dysgu a geir dan do ac yn yr awyr agored, yn ogystal â chynnwys amgylchiadau naturiol wrth iddynt godi (tud 32)

Archwilio ac arbrofi (tud 32)

Meddwl yn greadigol a dychmygus (tud 33)

CLIP 5: Chwarae gyda sialc a dŵr

Tasgau a chwestiynau yn ymwneud â chlip 5
1. Wrth wylio'r clip ar y DVD ystyriwch sut mae'r plant yn: •   rhyngweithio â'r dŵr •   defnyddio'r sialc   2. Nodwch ar ba achlysuron roedd yr oedolyn yn ymyrryd.

Pwyntiau trafod ac ambell ateb

1. Wrth wylio'r clip ar y DVD ystyriwch sut mae'r plant yn rhyngweithio â'r dŵr ac yn defnyddio'r sialc:
Maent yn brysur iawn yn cario dŵr o un badell i'r llall, o un cynhwysydd i'r llall, llenwi a gwacáu cynwysyddion.

Mae un plentyn yn dechrau chwarae gyda'r sialc yn y dŵr ac yna mae yna dri yn cyd-chwarae. Mae un plentyn yn ffurfio cylchoedd ac yn rholio'r sialc yn y dŵr. Mae un arall yn gwneud marciau ac mae un yn sblashio gyda'i thraed.

2. Nodwch ar ba achlysuron roedd yr oedolyn yn ymyrryd.
a. Mae'r oedolyn yn ymyrryd pan mae'r plant yn dechrau gwlychu ei gilydd.

b. Mae'r oedolyn yn ymyrryd pan mae un plentyn yn anhapus bod un arall yn sblashio yn y dŵr lle maent wedi bod yn gweithio.

c. Ar yr ail achlysur mae'r oedolyn yn tynnu sylw'r plentyn i liw'r dŵr trwy ddweud, "Edrycha mae'r dŵr yn las."

Hunan-adfyfyrio:
Mae'n weithgaredd sy'n addas i'r awyr agored ac sydd wedi ei gychwyn gan y plant. Braf gweld bod yr oedolyn yn cyfleu negeseuon cadarnhaol i'r plant am y ffordd y maen nhw'n defnyddio'r adnoddau. A oes disgwyl i blant chwarae â dŵr heb wlychu? Mae gwlychu yn rhan annatod o chwarae â dŵr ac mae'n bwysig bod yna gyfleusterau ar gael i newid/sychu dillad a gwallt.

Ydy plant yn medru datrys eu gwrthdaro eu hunain os cânt amser?

Wrth dynnu sylw'r plentyn at liw y dŵr, a ydy'r oedolyn yn torri ar draws cymhelliad ac ymglymiad y plentyn i arbrofi gyda'r dŵr a'r sialc?

Datblygiad Personol a Chymdeithasol, Lles ac Amrywiaeth Ddiwylliannol

Dangos chwilfrydedd a datblygu agweddau cadarnhaol at ddysgu a phrofiadau newydd (tud 16)

Canolbwyntio am gyfnodau cynyddol (tud 16)

Ffurfio perthnasoedd a theimlo'n ddigon hyderus i gyd-chwarae a chydweithio ag eraill (tud 16)

Sgiliau Iaith, Llythrennedd a Chyfathrebu

Cymryd rhan fel unigolion ac mewn grwpiau o wahanol faint, gan siarad â gwahanol gynulleidfaoedd, gan gynnwys ffrindiau,...oedolion cyfarwydd (tud 20)

Cyfathrebu trwy arbrofi a gwneud marciau, gan ddefnyddio amrywiaeth o gyfryngau (tud 21b)

Datblygiad Mathemategol

Deall a defnyddio priodweddau safle a symud: datblygu ymwybyddiaeth o safle a symud yn ystod eu gweithgareddau corfforol eu hunain (tud 25)

Gwybodaeth a Dealltwriaeth o'r Byd

Archwilio ac arbrofi (tud 32)

Gweld cysylltiadau rhwng achos ac effaith (tud 32)

Meddwl yn greadigol a dychmygus (tud 32)

Datblygiad Creadigol

Archwilio amrywiaeth o dechnegau a deunyddiau ac arbrofi â hwy (tud 40)

Gwneud dewisiadau wrth ddewis deunyddiau ac adnoddau (tud 40)

Defnyddio amrywiaeth o ddeunyddiau ac offer i arbrofi a datrys problemau (tud 40)

Datblygiad Corfforol

Datblygu sgiliau llawdriniol manwl (tud 36)

Datblygu ymwybyddiaeth synhwyraidd (tud 36)

Defnyddio offer bach (tud 36)

Tasgau a chwestiynau yn ymwneud â chlip 6

1. Wrth wylio'r clip ar y DVD ystyriwch sut mae'r plentyn yn defnyddio ei ddychymyg.

2. Sylwch ar chwarae'r plentyn yn datblygu:
- y ffyrdd y mae'r plentyn yn defnyddio'r biben gardfwrdd
- ar ei ymglymiad

3. Ystyriwch y 'dysgu' sy'n digwydd. Pa gysyniadau mae'r plentyn yn ymdrin â nhw?

Pwyntiau trafod ac ambell ateb

1. Wrth wylio'r clip ar y DVD ystyriwch sut mae'r plentyn yn defnyddio ei ddychymyg.
Mae'n defnyddio ei ddychymyg trwy ddefnyddio'r biben yn ei chwarae symbolaidd. Mae'n ddyn cryf yn codi pwysau ac yna yn eliffant gyda thrwnc hir. Mae'n rhyngweithio gyda'r oedolyn sy'n edrych trwy un pen ac mae'r plentyn yn edrych trwy'r ochr arall.

2. Sylwch ar chwarae'r plentyn yn datblygu.

- *y ffyrdd y mae'r plentyn yn defnyddio'r biben gardfwrdd*

Mae'n arbrofi i weld beth mae'r biben yn gallu ei wneud. Gwelir y plentyn yn rholio'r biben. Sylwch ar sut mae ei gêm yn datblygu. Mae'n profi ac ail-brofi; cic wan - nid yw'r biben yn teithio mor bell; cic gryfach ac mae'r biben yn teithio ymhellach. Mae'r cyfeiriad yn newid yn dibynnu ble mae'n cicio'r biben. Mae yna batrwm sef cic, rhedeg, naid, troi.

- *ar ei ymglymiad*

Sylwch ar y canolbwyntio a'r llwyr ymgolledd yn ei gêm.

3. Ystyriwch y 'dysgu' sy'n digwydd. Pa gysyniadau mae'r plentyn yn ymdrin â nhw?
Cyflymdra, cyfeiriad, grym, hyd, uchder.

Hunan-adfyfyrio:
Mae llawer mwy o syniadau gan blant ynglŷn â beth a sut i ddefnyddio'r adnoddau sydd ar gael iddynt nag oedolion. Maent yn greadigol iawn os cânt y cyfleoedd.

Y Cyfnod Sylfaen: meysydd dysgu

Datblygiad Personol a Chymdeithasol, Lles ac Amrywiaeth Ddiwylliannol

Dangos chwilfrydedd a datblygu agweddau cadarnhaol at ddysgu a phrofiadau newydd (tud 16)

Canolbwyntio am gyfnodau cynyddol (tud 16)

Arbrofi a chyfleoedd dysgu newydd (tud 16)

Dangos gofal, parch a hoffter at blant eraill, oedolion a'u hamgylchedd (tud 17)

Sgiliau Iaith, Llythrennedd a Chyfathrebu

Defnyddio iaith briodol mewn gweithgareddau chwarae digymell a strwythuredig ac wrth gyfleu ystyr (tud 20)

Chwarae rôl gan wneud defnydd ymwybodol o symudiadau, ystumiau a lleferydd a defnyddio iaith sy'n briodol i rôl neu sefyllfa (tud 20)

Cymryd rhan fel unigolion ac mewn grwpiau o wahanol faint, gan siarad â gwahanol gynulleidfaoedd, gan gynnwys ffrindiau, ... oedolion cyfarwydd (tud 20)

Datblygiad Mathemategol

Ymchwilio i batrymau a pherthnasoedd ailadroddus a llunio rhagfynegiadau syml (tud 25)

Gwybodaeth a Dealltwriaeth o'r Byd

Archwilio ac arbrofi (tud 32)

Meddwl beth allai ddigwydd pe bai...(tud 32)

Gweld cysylltiadau rhwng achos ac effaith (tud 32)

Datblygiad Creadigol

Defnyddio ystod eang o adnoddau a symbyliadau (tud 40)

Archwilio amrywiaeth o dechnegau a deunyddiau ac arbrofi â hwy (tud 40)

Gwneud dewisiadau wrth ddewis deunyddiau ac adnoddau (tud 40)

Gweithio ar eu pen eu hunain, a gydag eraill i esgus, ymateb yn fyrfyfyr a meddwl yn ddychmygus (tud 41)

Datblygiad Corfforol

Datblygu sgiliau cydsymud (tud 36)

Datblygu sgiliau echddygol bras (tud 36)

Rheoli symudiadau'r corff (tud 36)

Deall, gwerthfawrogi a mwynhau'r gwahaniaethau rhwng rhedeg, cerdded, sgipio, neidio, dringo a hercian (tud 36)

CLIP 7: Gwneud marciau

Tasgau a chwestiynau yn ymwneud â chlip 7

1. Wrth wylio'r clip ar y DVD ystyriwch ble mae'r plant.

2. Ystyriwch sut mae'r plant yn defnyddio'r darnau pren.

3. Ystyriwch ymateb y ddau blentyn arall. Sut mae'r bachgen yn ceisio datrys ei broblem?

Pwyntiau trafod ac ambell ateb

1. Wrth wylio'r clip ar y DVD ystyriwch ble mae'r plant.
Mae rhai o'r plant yn aros gyda'i gilydd yn agos at yr oedolion ond mae rhai yn teimlo'n ddigon cartrefol a hyderus ac yn symud dipyn ymhellach.

2. Ystyriwch sut mae'r plant yn defnyddio'r darnau pren.
Mae un ferch yn darganfod darn o bren hir ac yn ei ddal ar un pen. Mae'n dechrau llusgo'r pren ar draws y tywod tra'n symud am nôl.

3. Ystyriwch ymateb y ddau blentyn arall.
Mae bachgen yn ei gweld, gadael y brigyn oedd ganddo ac yn darganfod darn o bren arall. Wrth geisio ei chopïo nid yw'n medru tynnu'r pren ar draws y tywod oherwydd mae'n ceisio ei wthio yn lle ei dynnu. Mae'n ceisio datrys ei broblem ac yn llwyddo trwy droi ei gefn ar y darn pren a'i dynnu.

Mae yna wrthdaro ar un adeg ond maent yn datrys y broblem eu hunain a hefyd yn edrych draw i gyfeiriad yr oedolion. Mae'r ail fachgen yn darganfod y brigyn a adawyd ar y tywod ac yn llwyddo i gopïo'r ferch er bod tipyn o bellter rhyngddyn nhw.

Hunan-adfyfyrio:
Ydy oedolion yn rhoi digon o ryddid i blant i ddefnyddio'r amgylchedd ehangach i grwydro ac archwilio?
Ydy plant yn cael digon o gyfleoedd ac ymarfer i ddatrys eu problemau eu hunain?

Tasgau a chwestiynau yn ymwneud â chlip 8
1. Wrth wylio'r clip ar y DVD ystyriwch sut mae'r plant yn ymadael â'r traeth.

1. Wrth wylio'r clip ar y DVD ystyriwch sut mae'r plant yn ymadael â'r traeth.

2. Ystyriwch beth mae'r oedolion yn ei wneud.

3. Ystyriwch natur y tirwedd heriol

- sut maent yn ymdopi â'r grisiau serth?

Pwyntiau Trafod ac ambell ateb

1. Wrth wylio'r clip ar y DVD ystyriwch sut mae'r plant yn ymadael â'r traeth.
Mae'r plant yn helpu tacluso ac yna'n cerdded yn hyderus yn ôl i'r bws. Maent wedi hen arfer gwneud hyn.

2. Ystyriwch beth mae'r oedolion yn ei wneud.
Mae'r oedolion yn rhoi rhyddid i'r plant gerdded yn hamddenol yn ôl i'r bws ac nid ydynt yn gorfodi'r plant i gerdded mewn parau nac i gydio dwylo.

3. Ystyriwch natur y tirwedd heriol.
Er yn blant ifanc maent yn medru ymdopi â'r tirwedd heriol.

Hunan- adfyfyrio:
Ydy oedolion yn gorfodi plant i gydio dwylo a cherdded mewn rhes bob amser?
Ydy plant yn cael cyfleoedd i ymdopi â thirweddau heriol?

Datblygiad Personol a Chymdeithasol, Lles ac Amrywiaeth Ddiwylliannol

Datblygu dealltwriaeth o'r hyn sy'n deg ac yn annheg, a bod yn barod i gyfaddawdu (tud 16)

Dangos chwilfrydedd a datblygu agweddau cadarnhaol at ddysgu a phrofiadau newydd (tud 16)

Mentro a thyfu'n chwilotwyr hyderus yn eu hamgylchedd yn yr awyr agored (tud 16)

Sgiliau Iaith, Llythrennedd a Chyfathrebu

Defnyddio iaith briodol mewn gweithgareddau chwarae digymell a strwythuredig ac wrth gyfleu ystyr (tud 20)

Profi gwahanol fathau o weithgareddau chwarae ac ystod o weithgareddau a gaiff eu cynllunio, gan gynnwys y rheiny a gychwynnir gan y plant (tud 20)

Datblygiad Mathemategol

Deall a defnyddio priodweddau safle a symud (tud 25)

Gwybodaeth a Dealltwriaeth o'r Byd

Archwilio ac arbrofi (tud 32)

Meddwl beth allai ddigwydd pe bai... (tud 32)

Gweld cysylltiadau rhwng achos ac effaith (tud 32)

Datblygiad Creadigol

Defnyddio ystod eang o adnoddau a symbyliadau (tud 40)

Archwilio amrywiaeth o dechnegau a deunyddiau ac arbrofi â hwy (tud 40)

Gwneud dewisiadau wrth ddewis deunyddiau ac adnoddau (tud 40)

Gweithio ar eu pen eu hunain, a gydag eraill i esgus, ymateb yn fyrfyfyr a meddwl yn ddychmygus (tud 41)

Datblygiad Corfforol

Datblygu sgiliau cydsymud (tud 36)

Datblygu sgiliau echddygol bras (tud 36)

Rheoli symudiadau'r corff (tud 36)

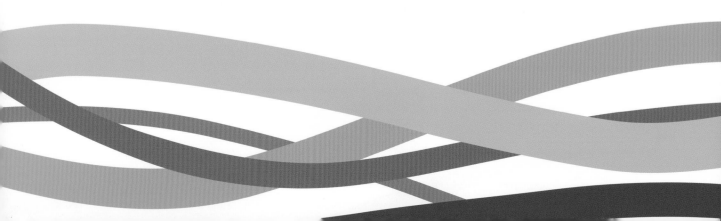

CLIP 9: Ar y grisiau

Tasgau a chwestiynau yn ymwneud â chlip 9

1. Canolbwyntiwch ar blant penodol. Ystyriwch:
 	
   •   yr her a wnaeth y plant unigol osod i'w hunain.
   •   y ffiniau a wnaeth y plant unigol osod i'w hunain.
   •   dyfalbarhad y plant unigol.
 	
2. Ystyriwch yr 'amser' y mae'r plant yn ei gael.

Pwyntiau trafod ac ambell ateb

1. Canolbwyntiwch ar blant penodol. Ystyriwch:
 	
   •   *yr her a wnaeth y plant unigol osod i'w hunain*
   •   *y ffiniau a wnaeth y plant unigol osod i'w hunain*
   •   *dyfalbarhad y plant unigol.*
 	
Gwelir un ferch yn neidio o'r top ond yn sathru ei dwylo. Mae'n parhau i neidio ond nid yn syth o'r 3ydd gris. Mae'n cymryd amser i geisio neidio o'r top. Gwelir wrth iaith ei chorff ei bod yn ystyried ac yn annog ei hun ond yn dal yn ansicr.
 	
Gwelir hefyd blant eraill sydd yn hapus yn neidio o'r ail ris heb ddiddordeb i herio'u hunain i fynd o'r 3ydd gris.
 	
Mae tipyn o ddyfalbarhad ac ymarfer trwy ail-wneud i'w weld yn y clip.
 	
2. Ystyriwch yr 'amser' y mae'r plant yn ei gael.
Mae'r plant yn rheoli eu hamser eu hunain. Mae rhai yn cadw at y neidio tra bod eraill wedi gadael i ymgymryd â gweithgareddau eraill. Y plant sy'n rheoli'r amser, maent yn cadw at y neidio heb unrhyw ymyrraeth wrth oedolyn. Nid oes oedolyn yn cynnig syniadau ynglŷn â cheisio mynd yn uwch, na chynnig help llaw nac annog y plant i geisio rhywbeth newydd. Y plant eu hunain sy'n dod â'r gweithgaredd i derfyn wrth iddynt sylwi ar y drysau electroneg yn agor wrth iddynt agosáu.
 	
Hunan-adfyfyrio:
Ydyn ni fel oedolion yn ymyrryd er mwyn helpu neu annog plant i ymgymryd â gweithgareddau?

Datblygiad Personol a Chymdeithasol, Lles ac Amrywiaeth Ddiwylliannol

Mynegi a chyfleu gwahanol deimladau ac emosiynau - rhai eu hunain yn ogystal â rhai pobl eraill (tud 16)

Canolbwyntio am gyfnodau cynyddol (tud 16)

Ffurfio perthnasoedd a theimlo'n ddigon hyderus i gyd-chwarae a chydweithio ag eraill (tud 16)

Dangos gofal, parch a hoffter at blant eraill, oedolion a'u hamgylchedd (tud 17)

Gofyn am gymorth pan fo'i angen (tud 17)

Sgiliau Iaith, Llythrennedd a Chyfathrebu

Cyfleu'r hyn maent yn ei feddwl (tud 20)

Profi gweithgareddau mewn amgylcheddau dysgu a geir dan do ac yn yr awyr agored (tud 20)

Gwybodaeth a Dealltwriaeth o'r Byd

Ymchwilio i amgylcheddau dysgu a geir dan do ac yn yr awyr agored, yn ogystal â chynnwys amgylchiadau naturiol wrth iddynt godi (tud 32)

Archwilio ac arbrofi (tud 32)

Meddwl yn greadigol a dychmygus (tud 33)

Datblygiad Mathemategol

Cyfrifo mewn amrywiaeth o ddulliau (tud 24)

Deall a defnyddio priodweddau safle a symud (tud 25)

Datblygiad Corfforol

Datblygu sgiliau cydsymud (tud 36)

Datblygu hyder (tud 36)

Datblygu ffyrfder y cyhyrau, tyndra priodol a chydbwysedd (tud 36)

Defnyddio cyfarpar mawr ac offer bach (tud 37)

Datblygiad Creadigol

Gwneud dewisiadau wrth ddewis deunyddiau ac adnoddau (tud 40)

Gweithio ar eu pen eu hunain a gydag eraill i esgus, ymateb yn fyrfyfyr a meddwl yn ddychmygus (tud 41)

Adran 5 - Ar y ddôl
CLIP 10: Dysgu ar y dolydd

Tasgau a chwestiynau yn ymwneud â chlip 10
1. Wrth wylio'r clip ar y DVD ystyriwch ble mae'r plant. 2. Ystyriwch sut mae'r plant yn archwilio amgylchedd newydd. 3. Ystyriwch ymateb y plant i'w gilydd.

Pwyntiau trafod ac ambell ateb

1. Wrth wylio'r clip ar y DVD ystyriwch ble mae'r plant.
Maent mewn dôl lle mae'r borfa wedi cael cyfle i dyfu'n uchel.

2. Ystyriwch sut mae'r plant yn archwilio amgylchedd newydd.
Mae'r plant yn ymweld â'r amgylchedd yma am y tro cyntaf. Maent yn archwilio'r amgylchedd newydd yma gyda'i gilydd ac yn cadw'n agos at ei gilydd. Maent hefyd yn defnyddio offer – chwyddwydrau.

3. Ystyriwch ymateb y plant i'w gilydd.
Sylwer ar:

- y ddwy ferch yn cydio dwylo wrth gerdded trwy'r borfa hir
- y ferch a'r bachgen yn camu allan o'r borfa i'r llwybr ac yna'n camu nôl i'r borfa hir
- awydd Katie i archwilio'r amgylchedd ymhellach a'i hansicrwydd, a pharodrwydd gweddill y grŵp i symud ymlaen gyda hi.

Hunan-adfyfyriad:
Beth am adael i borfa dyfu'n hir mewn rhai ardaloedd - mae'n cynnig profiadau hollol wahanol. Mae yna gyfleoedd i blant ddatblygu'n gymdeithasol yn yr ardal allanol.

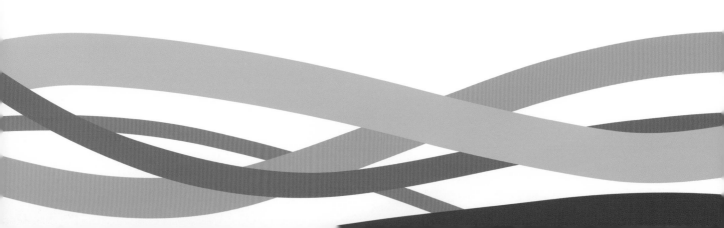

Datblygiad Personol a Chymdeithasol, Lles ac Amrywiaeth Ddiwylliannol

Mynegi a chyfleu gwahanol deimladau ac emosiynau - rhai eu hunain yn ogystal â rhai pobl eraill (tud 16)

Mentro a thyfu'n chwilotwyr hyderus yn eu hamgylchedd ... yn yr awyr agored (tud 16)

Dangos chwilfrydedd a datblygu agweddau cadarnhaol at ddysgu a phrofiadau newydd (tud 16)

Ffurfio perthnasoedd a theimlo'n ddigon hyderus i gyd-chwarae a chydweithio ag eraill (tud 16)

Dangos gofal, parch a hoffter at blant eraill, oedolion a'u hamgylchedd (tud 17)

Gofyn am gymorth pan fo'i angen (tud 17)

Sgiliau Iaith, Llythrennedd a Chyfathrebu

Cyfleu'r hyn maent yn ei feddwl (tud 20)

Profi gweithgareddau mewn amgylcheddau dysgu a geir dan do ac yn yr awyr agored (tud 20)

Datblygiad Creadigol

Archwilio'r amgylcheddau dysgu a geir dan do ac yn yr awyr agored, ymchwilio iddynt a'u defnyddio (tud 40)

Cymryd rhan mewn gweithgareddau sy'n caniatau iddynt weithio fel unigolion ac mewn grwpiau (tud 40)

Defnyddio ystod eang o adnoddau a symbyliadau (tud 40)

Datblygiad Mathemategol

Deall a defnyddio priodweddau safle a symud: datblygu ymwybyddiaeth safle a symud yn ystod eu gweithgareddau corfforol eu hunain (tud 25)

Gwybodaeth a Dealltwriaeth o'r Byd

Ymchwilio i amgylcheddau dysgu a geir dan do ac yn yr awyr agored, yn ogystal â chynnwys amgylchiadau naturiol wrth iddynt godi (tud 32)

Archwilio ac arbrofi (tud 32)

Meddwl yn greadigol a dychmygus (tud 33)

Datblygiad Corfforol

Datblygu sgiliau cydsymud (tud 36)

Datblygu sgiliau echddygol bras (tud 36)

Datblygu hyder (tud 36)

Rheoli symudiadau'r corff (tud 36)

Datblygu ffyrfder y cyhyrau, tyndra priodol a chydbwysedd (tud 36)

Defnyddio cyfarpar mawr ac offer bach (tud 37)

Prif negeseuon y pecyn

- mae'r amgylchedd tu allan yn unigryw ac yn amrywiol
- mae'n werth cynnig cyfleoedd di-ri i hyrwyddo dysgu cyfannol plant
- mae angen ffiniau clir ar blant
- mae'n werth rhoi rhyddid i ddewis deunyddiau a sut i'w defnyddio
- mae'n werth rhoi digon o amser i chwarae
- dylai'r oedolyn fod ar gael i hyrwyddo a chefnogi'r dysgu
- dylid sicrhau cynhwysiant
- mae'n werth rhoi rhyddid i symud o'r amgylchedd mewnol i'r allanol fel y dymunir
- mae'n werth dilyn diddordebau'r plant.

Gobeithir y bydd y llawlyfr hwn a'r DVD yn eich annog i ddatblygu eich darpariaeth a'ch ymarfer. Wrth fentro cymerwch gamau bach i ddechrau.

Mwynhewch gyda'r plant yn yr amgylchedd allanol.

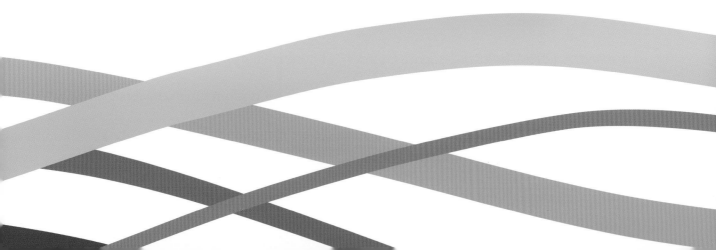

Gwybodaeth bellach

http://www.btvc.org/
http://www.forestry.gov.uk
http;//www.foresteducation.org
http://www.ltl-cymru.org.uk/
http://www.naturalearning.org
http://www.outdoored.com/
http://www.reviewing.co.uk/outdoor/outindex.html
http://www.savethechildren.org.uk
http://www.strath.ac.uk/Departments/JHLibrary/outdoored.html
http://www.ukoi.demon.co.uk/
http://www.wales.groundwork.org.uk/
http://www.wilderdom.com/research.html

Darllen Pellach

Rhestr Cyfeirnodau

Athey, C. (2007) *Extending Thought in Young Children (2il arg)*. London: Paul Chapman.

Bertram, T. a Pascal, C. (2010) 'Introducing Child Development' yn Bruce, T. (gol) *Early Childhood: A Guide for Students* (2il arg). London; Sage.

Bilton, H. (2010) *Outdoor Play in the Early Years: Management and Innovation* (3ydd arg). London: David Fulton.

Bronfenbrenner, U. (1979) *The Ecology of Human Development*. Cambridge, MA: Harvard University Press.

Brosterman, N. (1997) *Inventing Kindergarten*. New York: Harry N. Abrams.

Comisiwn Coedwigaeth Cymru (Dim dyddiad) *Coetiroedd ar gyfer Dysgu ac Y Wlad sy'n Dysgu: Strategaeth Addysg i Gymru*. Caerdydd: COEDC, LICC.

Cunningham, H. (2006) *The Invention of Childhood*. London: BBC Books.

Darling, J. (1994) *Child-centred Education and its Critics*. London: Paul Chapman.

de la Isla, T. (2008) *'Making sense of every day routines'.* Exceptional Parent, V38, N2, 34 - 35, Chwefror.

Farstad, A. (2005) *'Nature: The Space Provider?'* Children in Europe, 8:14-15.

Fisher, J. (2008) *Starting from the Child* (3ydd arg). United Kingdom: Open University Press.

Gardner, H. (1999) *Intelligence Reframed*. Multiple Intelligences in the 21st century. New York: Basic Books.

Gealy, A-M. a Rees, A. (2010) 'Y Plentyn Creadigol' yn Siencyn, S.W. (gol) (2010) *Y Cyfnod Sylfaen 3-7 oed Athroniaeth, Ymchwil ac Ymarfer.* Caerfyrddin: Cyhoeddiadau Prifysgol Cymru Y Drindod Dewi Sant.

Gealy, A-M. a Saer, S. (2010) 'Y cysyniad o les y plentyn a gweithredu er lles plant' yn Siencyn, S.W., (gol) (2010) *Y Cyfnod Sylfaen 3-7 oed Athroniaeth, Ymchwil ac Ymarfer.* Caerfyrddin: Cyhoeddiadau Prifysgol Cymru Y Drindod Dewi Sant.

Gill, T. (2007) Cynhadledd Lansiad Awyr Iach, Coleg y Drindod, Caerfyrddin, Chwefror.

Goddard Blythe, S. (2005) *The Well Balanced Child: Movement and Early Learning* (2il arg). United Kingdom: Hawthorn Press.

Gray, C. a Macblain, S. (2012) *Learning Theories in Childhood.* London: Sage.

Greenland, P. (2006) *'Physical Development',* yn Bruce, T. (gol) *Early Childhood: A Guide for Students* (2il arg) London; Sage.

Greenland, P. (2009) 'Jabadao Developmental Movement Play: Final Report on a Ten Year Action Research Project' yn www.jabadao.org/storage/downloads/More_of_Me_Full_Report.pdf.

Heywood, C. (2001) 'A History of Childhood' yn Murray, R. a Heywood, C. (2001) *A History of Childhood.* Cambridge: Blackwell.

Hohmann, M. a Weikart, D.P. (2002) *Educating Young Children: Active Learning Practices for Preschool and Childcare Programmes* (2il arg). Ypsilanti, Michigan, USA: High Scope Press.

Knight, S. (2009) *Forest Schools and Outdoor Learning in the Early Years*. London: Sage.

Lally, N. (1991) *The Nursery Teacher in Action*. London: Paul Chapman.

Learning Through Landscapes (2006) www.ltl.org.uk. 14/11/07.

Learning Through Landscapes Playnotes , (2006) Tachwedd.

Lindon, J. (1999) *Too Safe for Their Own Good? Helping Children Learn About Risk and Lifeskills.* London: National Early Years Network.

Lindon, J. (2001) *Understanding Children's Play.* United Kingdom: Nelson Thornes.

Lloyd, B. a Howe, N. (2003) *'Solitary play and convergent and divergent thinking skills in preschool children',* Early Childhood Research Quarterly, 18: 22-41.

Louv, R. (2010) *Last Child in the Woods: Saving our children from nature-deficit disorder* (2il arg). USA: Atlantic Books.

Ouvry, M. (2003) *Exercising Muscles and Minds.* London: National Children's Bureau.

Rees, A. (2008) *Dysgu drwy chwarae mewn Ysgol Goedwig a'i berthnasedd i'r Cyfnod Sylfaen.* Traethawd MA heb ei gyhoeddi.

60

Rees, A. a Merriman, E. (2010) 'Yr Awyr Agored: Fforest, Maes, Iard Goncrit' yn Siencyn, S.W. (gol) *Y Cyfnod Sylfaen 3-7 oed Athroniaeth, Ymchwil ac Ymarfer*. Caerfyrddin: Cyhoeddiadau Prifysgol Cymru Y Drindod Dewi Sant.

Rich, D., Casanova, D., Dixon, D., Drummond, M., Durrant, A. a Myer, C. (2005) *First Hand experiences: what matters to children*. Suffolk: Rich Learning Opportunities.

Rickinson, M., Dillon, J.,Teamey, K., Morris, M., Choi, M.Y., Sanders, D., a Benefield, P. (2004) *A Review of Research on Outdoor Learning*. London: Field Studies Council.

Rogers, S. ac Evans, J. (2006) 'Playing the game? Exploring role play from children's perspectives'. European Early Childhood Education Research Journal, 14(1) 43-56.

Robson, S. a Hargreaves, D. J. (2005) *'What do early childhood practitioners think about young children's thinking?'* European Early Childhood Education Research Journal, 13(1):18-86.

Royal Society for the Prevention of Accidents, *As Safe As Necessary*. www.rospa.org.uk 14/11/07.

Royal Society for the Prevention of Accidents (2008) *Plan to cut school trip red tape welcomed by RoSPA*. www.rospa.com/news/releases/2008/pr592_05_02_08_education. htm. 17/02/08.

Siencyn, S. W. (gol) (2008) *Y Plentyn Bach*. Caerfyrddin; Coleg y Drindod.

Siencyn, S. W. (gol) (2010) Y Cyfnod Sylfaen 3 - 7 oed; *Athroniaeth, Ymchwil ac Ymarfer*. Caerfyrdddin: Cyhoeddiadau Prifysgol Cymru: Y Drindod Dewi Sant.

Thomas, S.A. a Rees Edwards, A. (2010) 'Chwarae Plant' yn Siencyn, S.W. (gol), *Y Cyfnod Sylfaen 3-7 oed Athroniaeth, Ymchwil ac Ymarfer*. Caerfyrddin: Cyhoeddiadau Prifysgol Cymru Y Drindod Dewi Sant.

Tinney, G. (2010) 'A all plant ifainc newid y byd? Addysg ar gyfer datblygu cynaliadwy a'r Cyfnod Sylfaen' yn Siencyn, S.W. (gol) *Y Cyfnod Sylfaen 3-7 oed Athroniaeth, Ymchwil ac Ymarfer*. Caerfyrddin: Cyhoeddiadau Prifysgol Cymru Y Drindod Dewi Sant.

Tovey, H. (2007) *Playing Outdoors: Spaces and Places, Risk and Challenge*. Great Britain: Open University Press.

Vygotsky, L. S. (1962) *Thought and Language*. Cambridge. Mass: MIT Press.

Vygotsky, L. S. (1986) *Thought and Language*. Cambridge. MA: The MIT Press.

Wetton, P. (1998) 'Physical Development in the Early Years' yn Siraj-Blatchford, I. (gol) *Curriculum development handbook for Early Childhood Educators*. Stoke on Trent; Trentham Books Limited.

White, J. (2007) *Cynhadledd Geiriau Bach*, Coleg Y Drindod, Caerfyrddin.

Wright, S. (2010) *Understanding Creativity in Early Childhood*. London: Sage.

www.bridgwater.ac.uk/files/brochures/bridgwater-college-forest-school-brochure.pdf.

Yr Adran Plant, Addysg, Dysgu Gydol Oes a Sgiliau (2008) *Cyfnod Sylfaen: Fframwaith ar gyfer Dysgu Plant 3 i 7 oed yng Nghymru.* Caerdydd: Cyhoeddiadau Llywodraeth Cynulliad Cymru.

Yr Adran Plant, Addysg, Dysgu Gydol Oes a Sgiliau (2008a) *Arsylwi ar Blant.* Caerdydd: Cyhoeddiadau Llywodraeth Cynulliad Cymru.

Yr Adran Plant, Addysg, Dysgu Gydol Oes a Sgiliau (2008b) *Chwarae/Dysgu Gweithredol.* Caerdydd: Cyhoeddiadau Llywodraeth Cynulliad Cymru.

Atodiad Risg 1

Risg isel – niwed fel crafad neu glais.
Risg canolig – niwed fel asgwrn wedi torri neu angen triniaeth mewn ysbyty.
Risg uchel – niwed difrifol neu farwolaeth.

Arweinwyr Gweithgaredd: Angela Rees/Ann-Marie Gealy	Dyddiad: 11.07.12
Grŵp: Lleoliad/ Ysgol xxxxxxxxxxx	**Ymwelwyr i'r safle:** y cyhoedd
Llenwyd y ddogfen gan: Angela Rees	**Gweithgaredd:**

Rhifau Cyswllt: A.Rees: 07123456789

Nifer ar y dydd:	
Nifer yr oedolion gyda'r grŵp	Nifer y dysgwyr yn y grŵp

Safle:	**Cyf. Grid:**
Tir wrth ochr y Trysordy, Treioan, Caerfyrddin	SN402182

Rhifau ffôn mewn argyfwng:

Llinell ffôn agosaf: Trysordy

Cyfarwyddiadau i'r safle:

Mewn argyfwng cysylltwch â:

1) **Gwasanaethau brys:** 999

2) **Ysbyty agosaf:** Glangwili, Caerfyrddin
   01267 123456

3) **Grŵp:** Prifathro, Mrs Sheila Hywel
   01234 567891

Nodwch:
- Pob arweinydd i gario ffôn symudol
- Pob arweinydd wedi ei hyfforddi mewn Cymorth Cyntaf a bocs Cymorth Cyntaf wrth law
- Pob arweinydd â CRB cyfredol.

Copïau o'r tystysgrifau a threfniadau ar gael os dymunir eu gweld.

Ysgol Goedwig - Asesiad Risg Manwl

11/07/12

Risg	Uchel/ Canolig/ Isel	Anaf	Rheolaeth	Pwy sydd mewn perygl?	Cyfrifoldeb
1. Afon ... ger bron	Uchel	Boddi	Goruchwylio ac atgyfnerthu ffiniau	Plant ac oedolion	Arweinydd ac oedolion
2. Wyneb y chwarel	Canolig	Llechi rhydd - cwympo/ baglu/anafu	Goruchwylio, dweud wrth y plant am beidio â dringo. Atgyfnerthu ffiniau.	Plant	Arweinydd ac oedolion
4. Maes parcio	Canolig	Bwrw gan gerbyd	Goruchwylio. Cerdded nôl i'r bws. Rhybuddio'r plant ac oedolion.	Plant ac oedolion	Arweinydd ac oedolion
5. Perygl dieithryn	Canolig	Cipio'r plentyn	Goruchwylio. Arweinydd Ysgol Goedwig fydd yn dynesu at yr oedolyn a gofyn iddo/iddi/nhw adael yr ardal.	Plant	Arweinydd ac oedolion
6. Draenen ddu/ Draen rhosyn gwyllt	Canolig	Crafiadau/gallu chwerwi a throi'n wenwynig	Torri nôl, osgoi cyffwrdd. Rhybuddio a chynghori plant ac oedolion.	Plant	Arweinydd ac oedolion
7. Mieri (brambles)/dinad	Canolig	Crafiadau, pigiad	Torri nôl. Rhybuddio a chynghori plant ac oedolion.	Plant	Arweinydd ac oedolion
8. Cerrig rhydd	Canolig	Cwympo/baglu	Rhybuddio a chynghori plant ac oedolion.	Plant ac oedolion	Arweinydd ac oedolion
9. Tir anwastad - tarmac sy'n arwain at safle'r ysgol goedwig a'r llwybr	Canolig	Cwympo/baglu	Rhybuddio a chynghori plant ac oedolion.	Plant ac oedolion	Arweinydd ac oedolion
10. Bonion coed	Canolig	Cwympo/baglu	Gofyn i'r perchnogion eu gwaredu.	Plant ac oedolion	Arweinydd ac oedolion
11. Gwreiddiau coed	Canolig	Cwympo/baglu	Gofyn i'r perchnogion eu gwaredu.	Plant ac oedolion	Arweinydd ac oedolion
12. Potel wydr	Canolig	Anafu	Wedi ei gwaredu gan AYG.	Plant	Arweinydd ac oedolion
16. Brigyn wrth fynedfa'r cylch	Uchel	Crafu llygaid y plant	Gofyn i'r perchnogion ei waredu	Plant	Arweinydd ac oedolion
17. Yr haul	Canolig	Llosgi yn yr haul	Gwisgo hetiau ac ychwanegu eli haul cyn gadael yr ysgol.	Plant	Arweinydd ac oedolion
18. Dillad addas - trowsus hir, esgidiau caeëdig	Isel	Crafiadau, cwympo, baglu	Sicrhau bod dillad addas gyda'r plant cyn gadael yr ysgol.	Plant	Arweinydd ac oedolion
19. Planhigion ac aeron gwenwynig	Canolig	Gwenwyno	Rhybuddio a chynghori'r plant ac oedolion i beidio â rhoi dim yn eu cegau.	Plant	Arweinydd ac oedolion
20. Baw ci	Isel	Haint llygaid	Oedolyn i'w waredu.	Plant	Arweinydd ac oedolion

Asesiad risg gan ....

Arwyddwyd ....

Dyddiad .... Amser ....

Atodiad Risg 2

Risg isel – niwed fel crafad neu glais.
Risg canolig – niwed fel asgwrn wedi torri neu angen triniaeth mewn ysbyty.
Risg uchel – niwed difrifol neu farwolaeth.

Arweinwyr Gweithgaredd:	Dyddiad:		
Grŵp:	**Ymwelwyr i'r safle:**		
Llenwyd y ddogfen gan:	**Gweithgaredd:**		
Rhifau Cyswllt:	**Nifer ar y dydd:**		
	Nifer yr oedolion gyda'r grŵp	Nifer y dysgwyr yn y grŵp	
Rhifau ffôn mewn argyfwng:	**Safle:**	**Cyf. Grid:**	
Llinell ffôn agosaf:			
Mewn argyfwng cysylltwch â:	**Cyfarwyddiadau i'r safle:**		
1) **Gwasanaethau brys:** 999			
2) **Ysbyty agosaf:**	**Nodwch:**		
3) **Grŵp:**	▪ Pob arweinydd i gario ffôn symudol ▪ Pob arweinydd wedi ei hyfforddi mewn Cymorth Cyntaf a bocs Cymorth Cyntaf wrth law ▪ Pob arweinydd â CRB cyfredol. *Copïau o'r tystysgrifau a threfniadau ar gael os dymunir eu gweld.*		